RECETAS SANAS PARA CADA DÍA

JAMIE OLIVER

Grijalbo

OTROS LIBROS
DE JAMIE OLIVER

La cocina de Jamie Oliver
Jamie Oliver: La escuela de cocina
Las comidas en 30 minutos de Jamie Oliver
Las comidas de Jamie en 15 minutos
Jamie en casa
La cocina italiana de Jamie Oliver
Las escapadas de Jamie Oliver
Comfort Food

FOTOGRAFÍA DE LOS PLATOS
Jamie Oliver

OTRAS FOTOGRAFÍAS
Paul Stuart
Freddie Claire

DISEÑO
Superfantastic
wearesuperfantastic.com

DEDICATORIA

Este libro está dedicado a mis fantásticos equipos de alimentación y nutrición, a todos los que han probado las recetas, a todos los médicos, científicos y profesores extraordinarios, y por supuesto, a todas esas maravillosas personas mayores increíblemente activas en algunos de los lugares más sanos del planeta, a las que he conocido en el épico viaje de la creación de este libro.

CONTENIDO

SANO Y FELIZ

En primer lugar, gracias por escoger este libro y bienvenidos a *Recetas sanas para cada día*. La mayor promesa de estas páginas es que cualquier receta que escojas será una buena elección. En pocas palabras, quería crear un espacio seguro para celebrar unas comidas deliciosas, nutritivas y fáciles que te ayuden a emprender el camino hacia una vida más sana, más feliz y más productiva.

Cuando leas estas líneas ya habré cumplido los 40 años. Hace unos 18 meses, a medida que se iba acercando esa fecha especial, me detuve e intenté ver la vida de otra manera. Seré sincero: he considerado este viaje como algo personal, ya que se trataba de mi salud. Todos tenemos vidas diferentes —la mía es especialmente peculiar, y me encanta— pero al margen de nuestras circunstancias individuales creo que la mayoría de nosotros queremos lograr que nuestra familia sea feliz y contribuir a que así sea; rendir al máximo en el trabajo; cuidar las amistades; seguir experimentando cosas nuevas; y echarnos unas buenas risas por el camino. Desde luego, no existe una fórmula única, y equivocarnos o a veces hacerlo mal forma parte del viaje. Pero tener buena salud debe ser tu prioridad si quieres que te lleguen las mejores oportunidades. Por lo tanto, mi filosofía en este proyecto es ayudarte a alimentarte bien, siempre que puedas.

Solo con que aproveches unas pocas ideas de este libro, empezarás a repensar tu alimentación

Deseo que estas páginas abran las puertas a una relación más abierta con la nutrición, y que la entiendas como algo que te alimenta, te aporta energía, te repara y te nutre, pero que también puede ser una medicina. Quiero darte información y una mayor comprensión acerca de cómo alimentarte y cómo elaborar un menú equilibrado. Sé que es un lugar común, pero la información es poder, y eso es lo que quiero que saques de este libro. No digo que tengas que preparar una de estas recetas cada día, ni mucho menos el resto de tu vida, pero sí espero que encuentres las herramientas necesarias para tomar las decisiones correctas que te permitan hacer las cosas a tu propio ritmo, y variar entre estos platos saludables y otros más pecaminosos o incluso algunos caprichos, creo que sin ellos no puede lograrse una relación sana a largo plazo con la comida. Personalmente, utilizo este libro de lunes a jueves o viernes, y luego me cambio al *Comfort Food* durante el fin de semana.

Mi filosofía en este proyecto es ayudarte a alimentarte bien, siempre que puedas

Creo que para hacer este libro tenía que marcharme, aprender de algunos de los mejores expertos en salud y nutrición —médicos, científicos, profesores de universidad— y viajar a algunos de los lugares más saludables del mundo, absorber tanta información como fuera posible y explicarte lo más relevante a ti. Y eso es exactamente lo que he hecho, combinado con mis 30 años de experiencia en la cocina, con el fin de crear estas deliciosas recetas, así como compartir algunas píldoras de información superútil para que las uses en el día a día. He estado hablando y discutiendo con mi equipo de nutrición para asegurar que las recetas e ideas fueran atractivas, divertidas, novedosas y deliciosas, y que cada una incluyera los grupos de alimentos y distintos ingredientes superricos en nutrientes, vitaminas y minerales. Todas las recetas reflejan la idea de una alimentación equilibrada y de raciones controladas para garantizar que estás recibiendo la cantidad adecuada (véase página 260). Como verás, puedes comer un menú supersaludable y sentirte saciado. ¡Las personas que probaron las recetas se sorprendieron al ver lo generosos que son algunos platos!

Así que no importa qué receta elijas de cada capítulo —hay al menos 30 desayunos, 30 comidas y 30 cenas—, pues cualquiera estimulará tus papilas gustativas y te saciará, pero también puedes estar tranquilo de no salirte de un consumo diario de calorías verdaderamente beneficioso: menos de 400 calorías para el desayuno y por debajo de 600 cada receta de comida y cena, lo que te deja mucho margen para aperitivos y bebidas (véase página 261).

Y, ¿sabes qué?, estas recetas tampoco te costarán un ojo de la cara. Mi equipo ha calculado el costo de todos los platos tomando como referencia los precios de diversos supermercados, así como carnicerías y pescaderías europeas, y en promedio cada ración sale a tan solo 3.50 euros según los precios de 2015. No sé qué piensas tú, pero con la inversión en salud que estás haciendo al cocinar siguiendo estos menús, resulta una auténtica ganga.

Tanto si lo sigues al pie de la letra en cada comida como si lo consultas de vez en cuando para complementar otros menús, espero que este libro sea una fuente en la que siempre puedas confiar. Quería mostrarte lo delicioso que puede ser un desayuno, una comida o una cena, además de algunas ideas fantásticas para aperitivos y bebidas, de manera que comprendieras no solo cómo preparar un menú equilibrado, sino también cómo alimentarte adecuadamente en un día, una semana o un mes.

Solo con que aproveches unas pocas ideas de este libro, empezarás a repensar tu alimentación, y comprenderás hasta qué punto influye en tu salud física y mental. Eso provocará cambios positivos no solo en tu manera de comer, sino también en los hábitos alimentarios de las personas que te rodean. La comida está para apreciarla, compartirla y disfrutarla, y los platos sanos y nutritivos deben ser coloridos, deliciosos y, lo más importante, divertidos.

La mayor promesa de estas páginas es que cada receta que escojas será una buena elección

Como es habitual en todos mis libros, al elaborar este también fue crucial probar de manera rigurosa todas las recetas, ya que mi deseo es que triunfes cada vez que las prepares. Como en este caso el eje era la nutrición, el proceso de escritura ha sido muy distinto. A decir verdad, ha cambiado mi modo de trabajar y de combinar los ingredientes. El libro se convirtió ante todo en un diario personal, y por ello también he realizado las fotografías de los platos, pues en muchos casos ha requerido su tiempo dar forma y perfeccionar las recetas. Estas páginas son el auténtico reflejo real del viaje que he realizado, y me siento verdaderamente orgulloso del resultado; he puesto mucho de mi parte.

Abre el libro con cariño, disfrútalo, úsalo tan a menudo como quieras, cocina para tus seres queridos. Pero, ante todo, espero que despierte tu curiosidad y vaya alimentando tu interés por comer cada vez mejor, y que te funcione de verdad. ¡Buena suerte!

DESAYUNOS

Todos deberíamos mimar nuestro cuerpo por la mañana con unos alimentos sabrosos y nutritivos que, aportando vigor y energía, nos ayuden a ponernos en marcha del mejor modo posible en el día que comienza. Creo que a muchos de nosotros nos han lavado el cerebro convenciéndonos de que solo tenemos tiempo para verter leche sobre los cereales, ¡pero eso no es cierto! En este innovador capítulo encontrarás una gran cantidad de platos superrápidos, un sinfín de increíbles posibilidades para preparar por adelantado y comer cada mañana, que encajarán fácilmente en tu ajetreada rutina, así como ideas simples para días sin prisas y *brunchs* de fin de semana. Todas las recetas incluyen una buena combinación de los diversos grupos de alimentos y aportan menos de 400 calorías por ración. Espero que te gusten tanto como a mí.

HUEVOS CON ALUBIAS SALTEADAS, TOMATES CHERRY Y RICOTTA CON TOSTADAS

— Las alubias blancas son una gran fuente de proteínas y fibra. Contienen vitamina C y magnesio, que ayuda a nuestros músculos a funcionar correctamente —

PARA 2 PERSONAS

250 g de tomates cherry maduros de distintos colores

½ limón real

aceite de oliva extravirgen

4 ramitas de albahaca fresca

400 g de alubias blancas de lata

una pizca generosa de semillas de hinojo

2 huevos grandes

2 rebanadas de pan integral de semillas

2 cucharadas colmadas de ricotta

vinagre balsámico espeso (opcional)

salsa picante (opcional)

Cortar los tomates por la mitad, ponerlos en un bol y aliñar con el jugo de limón real, 1 cucharada de aceite y una pizca de sal. Separar las hojas de albahaca, romperlas y añadirlas al bol (reservar las más pequeñas para decorar), dejar macerar unos minutos.

Mientras, poner una sartén grande antiadherente a fuego alto. Escurrir las alubias y poner en la sartén con las semillas de hinojo y una pizca de pimienta negra. Dejar 5 minutos, removiendo de vez en cuando hasta que estén ligeramente doradas y las pieles se abran. Verter los tomates macerados en la sartén con 100 ml de agua, sazonar, dejar que hierva a fuego alto 1 minuto. Cascar un huevo en cada lado, poner una tapadera o papel de aluminio, bajar el fuego y cocer lentamente de 3 a 4 minutos para obtener unos huevos un tanto crudos o unos minutos más si se prefieren más cocidos. Mientras, tostar el pan.

Repartir la ricotta y extenderla en las dos tostadas calientes, servir a un lado de los huevos y las alubias. Esparcir por encima las hojitas de albahaca reservadas y ¡al ataque! Se puede acabar con un toque de vinagre balsámico o de salsa picante. Delicioso.

CALORÍAS	GRASAS	GRASAS SATURADAS	PROTEÍNAS	CARBO-HIDRATOS	AZÚCARES	FIBRA	20 MINUTOS
399 kcal	15.7 g	3.6 g	22.0 g	40.7 g	5.8 g	12.6 g	

FANTÁSTICA GRANOLA EN POLVO CON FRUTOS SECOS, SEMILLAS, AVENA Y FRUTAS

— Esta mezcla de maravillosos ingredientes hará que los desayunos sean increíblemente rápidos y cómodos, además de beneficiosos gracias a los frutos secos, las semillas, la avena y las frutas —

PARA 32 PORCIONES

1 kg de hojuelas de avena

250 g de frutos secos sin sal variados, como nueces, nueces del Brasil, pacanas, avellanas, pistaches, nueces de la India

100 g de semillas variadas, como chía, amapola, de girasol, ajonjolí, linaza, calabaza

250 g de fruta seca variada, como arándanos, arándanos rojos, guindas, mango, chabacanos, higos, pasas

3 cucharadas de cacao en polvo

1 cucharada de café recién molido

1 naranja grande

A mi esposa y a mí nos preocupa mucho que algunos cereales —de hecho, la mayoría— contengan una gran cantidad de azúcar añadida, por lo que, desde el punto de vista nutricional, no son lo mejor para empezar el día. Por eso, junto con mi equipo de nutrición, desarrollé esta deliciosa receta. Prepara una buena cantidad y te durará un par de semanas (¡o incluso más!). ¡A nosotros nos encanta!

Precalentar el horno a 180 °C. Poner las hojuelas de avena, los frutos secos y las semillas en una fuente de horno grande. Mezclar bien y tostar durante 15 minutos, removiendo a media cocción. Mezclar la fruta seca, el cacao y el café, rallar finamente la cáscara de naranja por encima. Luego, por tandas, triturar en un procesador hasta obtener un polvo grueso. Reservar en un recipiente hermético hasta que se vaya a utilizar.

Para servir, hay mil opciones divertidas. La forma más sencilla es 50 g de granola en polvo por persona, con leche fría de vaca, cabra o soya; frutos secos o avena, o con 2 cucharadas de yogur natural y un puñado de fruta de temporada (80 g es una de las 5 raciones diarias).

Se pueden hacer cocidas con **50 g de granola en polvo** y **200 ml de leche,** y cubriendo con fruta de temporada. Estas proporciones también son adecuadas para un batido —me gusta añadir a la mezcla **1 plátano maduro** y **un puñado de frambuesas congeladas.** Incluso es una base estupenda para los hot cakes: simplemente hay que batir **2 cucharadas colmadas de granola en polvo** con **1 cucharada colmada de harina integral con levadura, 1 plátano aplastado** y **1 huevo** y después preparar los hot cakes como siempre. Y en invierno, se prepara una bebida tibia, calentando **25 g de granola en polvo** con **200 ml de la leche preferida** con la consistencia deseada.

CALORÍAS	GRASAS	GRASAS SATURADAS	PROTEÍNAS	CARBO-HIDRATOS	AZÚCARES	FIBRA	25 MINUTOS
400 kcal	14.7 g	3.8 g	14.7 g	52.1 g	32.2 y	8.2 g	

SENSACIONALES HUEVOS ESCALFADOS, CON AGUACATE Y TOSTADAS DE SEMILLAS

— Al cerebro le encantan las proteínas por la mañana, y los huevos son una rápida y asequible — fuente de ellas. Con una pizca de chile, este plato nos despertará y levantará el ánimo

PARA 2 PERSONAS

aceite de oliva

½-1 chile pasilla fresco

2 huevos grandes

2 tomates maduros

aceite de oliva extravirgen

¼ de cebolla morada pequeña

1 limón

½ aguacate maduro

2 rebanadas gruesas de pan integral de semillas

4 ramitas de cilantro fresco

Extender un trozo de papel transparente de 30 cm encima de la superficie de trabajo y untar con aceite de oliva. Laminar finamente la mitad del chile (sin semillas si se desea) y esparcir por encima. Con cuidado, cascar un huevo encima. Sujetar los extremos del papel procurando sacar todo el aire alrededor del huevo. Hacer un nudo en el papel transparente. Repetir la operación con el chile restante y el segundo huevo, reservar los paquetitos. Poner un cazo con agua a fuego medio y dejar que alcance el hervor.

Con un cuchillo afilado, retirar el corazón de los tomates, sumergirlos en el agua hirviendo 40 segundos. Pasarlos por agua fría, pelar y cortar en ocho trozos, retirando las semillas. Poner en un bol con 1 cucharadita de aceite de oliva extravirgen. Pelar y rallar gruesa la cebolla, mezclar y sazonar al gusto con sal, pimienta negra y la mitad del jugo de limón. Escalfar los huevos en el agua hirviendo durante unos 6 minutos si se desean pasados por agua, o más tiempo si se quieren duros.

Mientras, pelar, retirar el hueso y aplastar el aguacate con el resto de jugo de limón y sazonar. Tostar el pan, untarlo con el aguacate aplastado como si fuera mantequilla, y poner encima el tomate aliñado. Desenvolver los huevos y ponerlos delicadamente encima, acabar con hojas de cilantro.

CALORÍAS	GRASAS	GRASAS SATURADAS	PROTEÍNAS	CARBO-HIDRATOS	AZÚCARES	FIBRA	10 MINUTOS
258 kcal	13.9 g	3.2 g	12.6 g	23.0 g	5.1 g	5.0 g	

HOT CAKES LIGEROS CON FRUTOS ROJOS, PLÁTANO, YOGUR Y FRUTOS SECOS

— La harina integral rica en fibra nos ayudará a sentirnos saciados hasta la comida, además de aportar 1 de las 5 raciones diarias de fruta y verdura y una buena dosis de vitamina C —

PARA 4 PERSONAS

320 g de arándanos o frambuesas

1 plátano maduro

170 ml de leche semidescremada

1 huevo grande

250 g de harina integral con levadura

4 cucharadas de yogur natural

canela en polvo

30 g de frutos secos variados sin sal y picados, como nueces, pecanas, avellanas

miel de manuka

Triturar la mitad de los arándanos o frambuesas, el plátano pelado, la leche, el huevo y la harina en un procesador hasta obtener una masa lisa para los hot cakes. Verter en un bol y añadir el resto de los frutos rojos. Poner una sartén grande antiadherente a fuego medio alto. Cuando esté caliente, verter la masa para hacer hot cakes grandes o pequeños, al gusto. Cocer durante un par de minutos por cada lado, hasta que estén dorados y crujientes. A veces los aprieto unos 30 segundos más por cada lado para que queden supercrujientes. Servir en seguida cuando están listos, mientras se sigue con el resto.

Para servir, me gusta cortarlos por la mitad para que se vean los frutos rojos, como en la foto. Cubrir con una cucharada de yogur, un poco de canela y esparcir frutos secos tostados; acabar con un chorrito de miel.

> Una vez hecha la masa de los hot cakes, puedes cocinarla de inmediato o guardarla en el frigorífico, donde se conservará un máximo de 3 días; así podrás utilizarla cada mañana.

CALORÍAS	GRASAS	GRASAS SATURADAS	PROTEÍNAS	CARBO-HIDRATOS	AZÚCARES	FIBRA	20 MINUTOS
357 kcal	10.0 g	2.2 g	13.3 g	54.9 g	17.0 g	8.9 g	

DESAYUNO MEXICANO DE HUEVOS FRITOS, FRIJOLES, TOMATES Y SETAS

— Los frijoles negros son las legumbres con mayor contenido de proteínas. Resultan excelentes para quien practique deporte por la mañana, ya que las proteínas ayudan a reparar los músculos —

PARA 2 PERSONAS

aceite de oliva

2 tomates maduros de distintos colores

6 champiñones portobello

2 huevos grandes

200 g de frijoles negros

salsa Worcestershire

1 tortilla integral

2 cucharadas de requesón

2 ramitas de cilantro fresco

salsa tabasco de chipotle

Poner a fuego medio una sartén de 25 cm con 2 cucharaditas de aceite. Cortar los tomates por la mitad y poner en la sartén con el lado del corte hacia abajo. Cortar el borde y el tallo de las setas y poner cara abajo en la sartén (guardar los trozos y el tallo para otra preparación). Cocer 6 o 7 minutos, girando con cuidado los tomates y las setas cuando estén dorados.

Bajar el fuego al mínimo y cascar los huevos en la sartén procurando que las claras cubran por completo la base para elaborar unos ricos huevos. Rápidamente, escurrir los frijoles y aliñar con un chorrito de salsa Worcestershire, añadirlos a la sartén. Sazonar con sal marina y pimienta negra, tapar la sartén con una tapadera o papel de aluminio y dejar unos 2 minutos, o hasta que los huevos estén como te gustan.

Mientras, calentar la tortilla en una sartén sin nada de grasa por 1 minuto, cortarla en tiras de 1 cm para mojar. Servir el desayuno directamente en la sartén o en un plato para compartir. Añadir una cucharada de requesón, esparcir las hojas de cilantro y acabar con un chorrito de salsa tabasco.

CALORÍAS	GRASAS	GRASAS SATURADAS	PROTEÍNAS	CARBO-HIDRATOS	AZÚCARES	FIBRA	15 MINUTOS
324 kcal	13.1 g	3.7 g	20.0 g	25.7 g	4.7 g	14.1 g	

ARROZ NEGRO CON LECHE, MANGO, LIMÓN, MARACUYÁ Y COCO

— La leche de avellana contiene vitamina B12, que nos ayuda mantener activo el cerebro, y las avellanas son riquísimas en vitamina E, que protege a las células de daños externos —

PARA 4 VASOS

200 g de arroz negro

1 mango maduro

1 limón

1 cucharada de avellanas blanqueadas

1 cucharada de hojuelas de coco

2 plátanos maduros

200 ml de leche de avellanas

1 cucharada de extracto de vainilla

miel de manuka (opcional)

4 cucharadas colmadas de yogur natural

2 maracuyás maduros

Cocer el arroz negro siguiendo las instrucciones del paquete, dejándolo cocer un poco más para que se hinche y quede pegajoso. Escurrir y dejar enfriar. Mientras, pelar y retirar el hueso del mango, triturar en un procesador con el jugo de limón hasta que quede liso, verter en un bol. En una sartén sin grasa, tostar las avellanas y el coco hasta que empiecen a dorarse, machacar en un molcajete.

Pelar los plátanos, cortar en trozos y ponerlos en el procesador, triturar con la leche de avellanas, el extracto de vainilla y dos terceras partes del arroz negro. Según el dulzor de los plátanos, se puede añadir también una cucharadita de miel. Una vez liso, mezclar con el resto del arroz para que adquiera más textura y color. Repartir entre cuatro vasos o tazones bonitos. Poner encima el puré de mango, disponer la mitad de un maracuyá en cada uno, poner delicadamente una cucharada de yogur y esparcir las avellanas y el coco.

> Yo lo preparo el domingo por la noche y lo guardo en el refrigerador, a punto para disfrutarlo sin ningún esfuerzo durante los días siguientes.

CALORÍAS	GRASAS	GRASAS SATURADAS	PROTEÍNAS	CARBO-HIDRATOS	AZÚCARES	FIBRA	50 MINUTOS
277 kcal	6.2 g	2.5 g	6.5 g	48.4 g	11.4 g	5.2 g	

PAN DE HIGOS Y PLÁTANO, NARANJA SANGUINA Y MANTEQUILLA DE FRUTOS SECOS

Este hermoso pan, rebosante de ingredientes saludables, se prepara con harina integral, nueces, semillas y aceite. El dulzor de los higos hace que no sea necesario añadir azúcar

PARA 12 PERSONAS

250 g de higos secos

75 ml de aceite de colza prensado en frío

125 g de yogur natural

1 cucharada de extracto de vainilla

4 plátanos maduros

2 huevos grandes

150 g de harina integral con levadura

1 cucharadita colmada de levadura en polvo

100 g de almendras molidas

1 cucharada de semillas de amapola

½ cucharadita de cúrcuma en polvo

1 manzana

50 g de almendras enteras

Precalentar el horno a 180 °C. Forrar una fuente o un molde de 25 cm con una hoja de papel de horno humedecida. Poner 200 g de higos en un procesador con el aceite, el yogur, el extracto de vainilla, los plátanos pelados y los huevos, moler hasta que esté liso. Añadir la harina, la levadura, las almendras molidas, las semillas de amapola y la cúrcuma y moler de nuevo solo para mezclar, sin trabajar demasiado la masa. Rallar gruesa la manzana y añadirla.

Verter la mezcla en la sartén preparada y extender uniformemente. Poner encima los higos restantes, apretándolos un poco, picar las almendras y esparcir por encima. Hornear de 35 a 45 minutos o hasta que se dore, comprobar si está cocido pinchando un palillo que debe salir limpio. Poner sobre una rejilla para que se enfríe.

Me gusta servir cada porción con 1 cucharada de mantequilla de frutos secos (véase página 242), 1 cucharada de yogur natural y unos gajos de naranja roja o de sangre. El pan sobrante se puede conservar en un recipiente hermético por 2 o 3 días.

CALORÍAS	GRASAS	GRASAS SATURADAS	PROTEÍNAS	CARBO-HIDRATOS	AZÚCARES	FIBRA	50 MINUTOS
250 kcal	15.8 g	1.7 g	7.5 g	29.0 g	20.3 g	4.0 g	

TORTILLA SEDOSA CON ESPINACAS, TOMATE, PARMESANO Y PAN DE CENTENO

— El pan de centeno es riquísimo en fibra y manganeso, un mineral que protege el tejido que conecta nuestros órganos y los huesos manteniéndonos fuertes y sanos —

PARA 1 PERSONA

1 rebanada pequeña de pan de centeno

aceite de oliva

2 huevos grandes

5 g de queso parmesano

un puñado de espinacas baby

salsa de chile picante

1 tomate maduro hermoso

Esta tortilla se cuece realmente rápido en una sartén caliente. El calor de la sartén es nuestro aliado porque impide que la tortilla se pegue. Como no queremos que la tortilla adquiera color, no tardaremos nada en hacerla. Poner el pan de centeno a tostar. Poner una sartén antiadherente de 30 cm a fuego alto con un poquito de aceite, pasarle un papel de cocina alrededor para retirar el exceso.

Cuando la sartén esté caliente, batir los huevos en un bol 10 segundos, verter en la sartén y girarla un par de veces para cubrir la base. Rallar el queso uniformemente sobre el huevo y apagar el fuego. Mientras lo rallamos, la tortilla ya estará hecha. Con una espátula de goma separar los bordes de la tortilla y doblar por la mitad. Me gusta darle unas cuantas vueltas o doblarla en cuartos u octavos.

Si te cuesta enrollar y doblar la tortilla, simplemente colócala como un pañuelo mal doblado y lograrás una textura increíble. Poner las espinacas sobre la tostada y encima la tortilla con unas gotas de salsa de chile. Cortar el tomate, sazonar con un poco de sal marina y disponerlo a un lado.

Si apeteces, añadir hierbas frescas deshojadas, como orégano, perejil o albahaca a los huevos, o usar cualquier otro buen queso seco.

CALORÍAS	GRASAS	GRASAS SATURADAS	PROTEÍNAS	CARBO-HIDRATOS	AZÚCARES	FIBRA	10 MINUTOS
259 kcal	14.8 g	4.0 g	19.3 g	14.6 g	3.5 g	2.6 g	

BONITOS VASITOS CON FRUTA, CHÍA Y LECHE DE FRUTOS SECOS

Las semillas de chía pueden ser muy sabrosas bien condimentadas. Son muy ricas en proteínas y fibra, y una fuente de magnesio, para tener los huesos y los dientes fuertes y sanos

PARA 10 VASITOS

4 plátanos pequeños (400 g)

1 cucharadita de extracto de vainilla

600 ml de leche de avellanas o de almendras sin azúcar, fría

120 g de semillas de chía

300 g de fruta congelada, como mango o frutos rojos variados

½ limón

Pelar 3 plátanos, cortar y poner en un procesador. Añadir el extracto de vainilla y 300 ml de leche, triturar hasta que esté liso. Verter en una jarra y añadir la mitad de las semillas de chía. Repartir entre los diez vasos o copas, dejar reposar en el refrigerador.

Mientras, poner las frutas congeladas escogidas en el procesador (hay que estar abierto a los cambios y mezclar nuevos ingredientes cada vez que se elabora), pelar y cortar el plátano restante y añadir los 300 ml restantes de leche y el jugo de limón. Triturar hasta que esté bien liso, verter en la jarra y remover añadiendo el resto de semillas de chía. Repartir entre los diez vasos o copas, vertiéndolo con cuidado sobre el dorso de una cuchara para conseguir una línea de separación donde se encuentran los dos sabores. Poner de nuevo en el refrigerador y dejar reposar un par de horas antes de tomarlos.

> Estos atractivos vasitos se conservarán hasta un máximo de 3 días después de prepararlos. Cada mañana puedes complementarlos con cualquier fruta fresca, granola o frutos secos tostados, lo que tengas a mano; así, el colorido añadirá diversión y variedad a los desayunos.

CALORÍAS	GRASAS	GRASAS SATURADAS	PROTEÍNAS	CARBO-HIDRATOS	AZÚCARES	FIBRA	15 MINUTOS MÁS EL TIEMPO DE ENFRIAR
117 kcal	4.9 g	0.6 g	3.2 g	14.7 g	11.9 g	6.0 g	

MEZCLA PROTEÍNICA DE HOJUELAS DE AVENA, SEMILLAS, FRUTOS SECOS Y QUINOA

Las proteínas nos ayudan a mantener a raya el apetito. Esta extraordinaria mezcla de avena, semillas, nueces y la excelente quinoa nos garantizan una buena inyección de proteínas por la mañana

PARA 14 RACIONES

400 g de hojuelas de avena

100 g de semillas de linaza

50 g de nueces peladas

50 g de pistaches sin cáscara

50 g de almendras enteras

50 g de quinoa blanca, roja
    o negra

2 cucharaditas de extracto
    de vainilla

3 cucharadas de malta en polvo,
    tipo Horlicks u Ovaltine

PARA CADA RACIÓN

150 ml de tu leche preferida,
    de vaca, cabra, soya, frutos
    secos o avena

80 g de frutos rojos de
    temporada, como arándanos,
    frambuesas, moras

1 cucharadita colmada de frutos
    secos variados, sin sal y picados

Deja lista una buena cantidad de esta proteínica mezcla de avena, pues se mantendrá fácilmente un par de semanas, y así las mañanas serán coser y cantar. Solo deberás prepararla... y disfrutar.

En un procesador, triturar la avena, las semillas de linaza y todos los frutos secos, la quinoa, el extracto de vainilla y la malta en polvo hasta obtener una mezcla homogénea y fina, triturando por tandas si fuera necesario. Verter la mezcla en un recipiente hermético o metálico y reservar tapado hasta que se vaya a usar.

Cuando se desee preparar una ración, poner 50 g de la mezcla proteínica en una sartén pequeña con 150 ml de tu leche preferida. Remover a fuego medio bajo durante 3 minutos, o hasta que espese y tenga la consistencia deseada.

Me gusta aplastar la mitad de los frutos rojos con un tenedor y remover para darle color y un sabor dulce y natural a la mezcla. Luego servir con el resto de frutos rojos y con los frutos secos esparcidos por encima, previamente tostados, si se desea, para darle más sabor. Delicioso.

CALORÍAS	GRASAS	GRASAS SATURADAS	PROTEÍNAS	CARBO-HIDRATOS	AZÚCARES	FIBRA	20 MINUTOS
347 kcal	17.4 g	3.4 g	14.4 g	32.0 g	13.2 g	7.7 g	

ARROZ VEGETARIANO CON ESPECIAS, VERDURAS, HUEVOS Y YOGUR

— Utilizar verduras nos permite empezar la mañana con todos los nutrientes que contienen. El huevo aporta proteínas que nos ayudan a sentirnos satisfechos durante más tiempo —

PARA 2 PERSONAS

150 g de arroz basmati integral

2 huevos grandes

4 champiñones portobello

1 trozo de jengibre de 3 cm

1 chile pasilla fresco

½ manojo de cilantro fresco (15 g)

2 cebollines

aceite de oliva

curry en polvo no muy picante

100 g de tomates cherry maduros

100 g de chícharos congelados

100 g de espinacas baby

1 limón real

2 cucharadas colmadas de yogur natural descremado

Cocer el arroz en una cacerola con agua hirviendo salada siguiendo las instrucciones del paquete, añadiendo los huevos los últimos 6 minutos para hacerlos pasados por agua.

Mientras, poner una sartén grande antiadherente a fuego medio alto. Cortar los champiñones en cuatro y ponerlos en la sartén sin grasa, removiendo de vez en cuando. Mientras, pelar el jengibre y retirar las semillas del chile. Reservar unas rodajas de chile para el acabado, picar finamente el resto con el jengibre, la mitad de las hojas de cilantro y todos los tallos. Limpiar y cortar los cebollines.

Apartar las setas a un lado de la sartén, añadir 1 cucharada de aceite, el jengibre picado, el chile, el cilantro, los cebollines y 1½ cucharaditas colmadas de curry en polvo. Sofreír 2 minutos; mientras, cortar por la mitad los tomates, incorporarlos junto con los chícharos y las espinacas. Escurrir y añadir el arroz. Remover de vez en cuando y rehogar 4 minutos, exprimir la mitad del jugo de limón real y sazonar al gusto.

Pasar rápidamente los huevos por agua fría hasta que estén suficientemente fríos para pelarlos, cortar por la mitad y repartirlos alrededor del arroz. Poner unas cucharadas de yogur, esparcir el chile reservado y las hojas de cilantro. Añadir una pizca de curry en polvo y servir de inmediato con gajos de limón real para exprimir por encima.

CALORÍAS	GRASAS	GRASAS SATURADAS	PROTEÍNAS	CARBO-HIDRATOS	AZÚCARES	FIBRA	30 MINUTOS
400 kcal	9.5 g	2.2 g	16.3 g	67.2 g	6.8 g	5.5 g	

SOPAS DE FRUTA, YOGUR Y GRANOLA EN POLVO

— Tómatelas como un batido y de seguro te encantarán. Las semillas de chía son ricas en fibra, un macronutriente que nos ayuda a ser regulares y mantiene los intestinos tranquilos y sanos —

TODAS PARA 1 PERSONA

MENTA Y KIWI

En una batidora, triturar **8 hojas de menta fresca, 2 kiwis pelados, un puñado de espinacas baby, 2 cucharadas colmadas de semillas de chía** y 1 taza de agua hirviendo (250 ml) hasta obtener una consistencia homogénea. Si te gusta, puedes endulzarlo con un chorrito de **miel**. Verter en un bol y acabar con **1 cucharada colmada de yogur natural, un puñado de granola en polvo** (véase página 18) y **fruta fresca**. Servir de inmediato o dejar enfriar si lo prefieres.

ALBAHACA Y FRESAS

En una batidora, triturar **8 hojas de albahaca fresca, 100 g de fresas sin el rabito, 1 cucharadita de vinagre balsámico, 2 cucharadas colmadas de semillas de chía** y 1 taza de agua hirviendo (250 ml) hasta obtener una consistencia homogénea. Si te gusta, puedes endulzarlo con un chorrito de **miel**. Verter en un bol y acabar con **1 cucharada colmada de yogur natural, un puñado de granola en polvo** (véase página 18) y **fruta fresca**. Servir de inmediato o dejar enfriar si lo prefieres.

TÉ DE ORTIGA Y MORAS

Preparar **1 taza de té de ortiga** (250 ml). Una vez preparado, colarlo en la batidora y triturar con **100 g de moras** y **2 cucharadas colmadas de semillas de chía** hasta obtener una consistencia homogénea. Si te gusta, puedes endulzarlo con un chorrito de **miel**. Verter en un bol y acabar con **1 cucharada colmada de yogur natural, un puñado de granola en polvo** (véase página 18) y **fruta fresca**. Servir de inmediato o dejar enfriar si lo prefieres.

TÉ DE JENGIBRE Y MANGO

Preparar **1 taza de té de jengibre** (250 ml). Una vez preparado, colarlo en la batidora y triturar con **100 g de mango congelado, ½ cucharadita rasa de cúrcuma en polvo, el jugo de ½ limón** y **2 cucharadas colmadas de semillas de chía** hasta obtener una consistencia homogénea. Si te gusta, puedes endulzarlo con un chorrito de **miel**. Verter en un bol y acabar con **1 cucharada colmada de yogur natural, un puñado de granola en polvo** (véase página 18) y **fruta fresca**. Servir de inmediato o dejar enfriar si lo prefieres.

CALORÍAS	GRASAS	GRASAS SATURADAS	PROTEÍNAS	CARBO-HIDRATOS	AZÚCARES	FIBRA	5 MINUTOS
375 kcal	18.1 g	2.5 g	14.1 g	36.1 g	23.5 g	19.6 g	

WAFFLES DE HARISSA, HUEVOS FRITOS CON AJONJOLÍ Y ENSALADA DE ZANAHORIA

— Estos waffles tienen un montón de cosas buenas: la harina integral aporta fibra saciante, que quita el hambre antes de la comida, y la leche proporciona una importantísima ración de calcio

PARA 2 PERSONAS

100 g de harina integral con levadura

1 cucharada de semillas de amapola

2 cucharaditas de harissa

3 huevos grandes

100 ml de leche semidescremada

aceite de ajonjolí

semillas de ajonjolí

1 zanahoria grande

50 g de espinacas baby

1 granada

2 ramitas de menta fresca

2 cucharadas de yogur natural descremado

salsa picante

Precalentar la plancha para hacer waffles. En un bol, mezclar la harina, las semillas de amapola, la harissa y 1 huevo, añadir la leche poco a poco batiendo hasta que se haya mezclado bien, sazonar con sal marina y pimienta negra. Untar la plancha de waffles con poquísimo aceite de ajonjolí, espolvorear media cucharadita de semillas de ajonjolí en cada lado y una cuarta parte de la masa para waffles en cada lado. Yo hago dos waffles pequeños por persona, mejor que uno grande, solamente relleno una parte de cada molde, ¡así luego incluso puedes hacer un sándwich de waffle! Cocer los waffles unos minutos, hasta que estén dorados, esponjosos y hechos por dentro.

Mientras, pelar la zanahoria y cortar en juliana, a ser posible con la mandolina (¡usa la protección!), poner en un bol, cortar las espinacas en juliana y añadirlas. Cortar por la mitad la granada, sujetar una mitad con la mano boca abajo sobre el bol y golpearla con una cuchara para hacer caer las semillas. Exprimir la otra mitad apretando con los dedos para aliñar la ensalada con su jugo. Mezclar, luego separar las hojas de menta y romperlas por encima. Poner un chorrito de aceite en una sartén pequeña antiadherente a fuego medio, pasar un papel de cocina alrededor para retirar el exceso. Cascar 1 de los huevos restantes, espolvorear con una pizca de semillas de ajonjolí, tapar la sartén para cuajar la parte superior del huevo y cocer hasta el punto deseado.

Servir los waffles con la mitad de la ensalada, el huevo frito con ajonjolí, una cucharada de yogur y un buen chorro de salsa de chile. Luego preparar la segunda ración.

CALORÍAS	GRASAS	GRASAS SATURADAS	PROTEÍNAS	CARBO-HIDRATOS	AZÚCARES	FIBRA	25 MINUTOS
366 kcal	15.0 g	3.7 g	23.0 g	41.5 g	11.4 g	8.4 g	

PAN DE CENTENO
SUPERRÁPIDO, SUPERFÁCIL

— La harina de centeno contiene muchos nutrientes esenciales, especialmente fósforo. Si añadimos avena aumenta el contenido de fibra del pan, y el resultado es auténticamente todoterreno —

PARA 6 PERSONAS

250 g de harina integral, y un poco mas para espolvorear

100 g de harina de centeno

50 g de hojuelas de avena

1 cucharadita de bicarbonato de sodio

1 huevo grande

300 ml de suero de mantequilla o de yogur natural

Este pan es delicioso caliente, recién salido del horno —no requiere tiempo de levado, y se puede comer con multitud de ingredientes. Precalentar el horno a 190 °C. Poner las dos harinas, las hojuelas de avena, el bicarbonato de sodio y 1 cucharadita rasa de sal marina en un bol grande y mezclar bien. En otro bol, batir el huevo con el suero de mantequilla o el yogur y, con un tenedor, incorporar esta mezcla a la harina. Cuando empiece a juntarse la masa, seguir amasando con las manos limpias y enharinadas.

Darle forma de bola y colocar en una fuente de horno ligeramente enharinada, espolvorear también ligeramente con harina la superficie de la bola. Con las manos, aplanar la masa hasta obtener un disco de aproximadamente 3 cm de espesor. Con un cuchillo, marcar una cruz o una estrella en la parte superior, de ½ cm de profundidad aproximadamente. Hornear en el centro del horno de 40 a 45 minutos, o hasta que se haya formado una corteza firme y suene hueco cuando se golpea por la parte de abajo.

Ponerlo sobre una rejilla para que se enfríe, servir un poco templado. Tal como esperabas, este pan es estupendo con cualquiera de tus acompañamientos preferidos. Si quieres ver montones de ideas, las encontrarás en la página 70.

CALORÍAS	GRASAS	GRASAS SATURADAS	PROTEÍNAS	CARBO- HIDRATOS	AZÚCARES	FIBRA	50 MINUTOS
248 kcal	3.3 g	0.7 g	10.4 g	46.5 g	3.5 g	6.5 g	

BARRITAS DE CEREALES CON FRUTOS SECOS, SEMILLAS, FRUTA Y ESPECIAS

— Estas barritas fáciles de llevar incluyen un montón de ingredientes nutritivos, como los chabacanos secos, ricos en hierro, y la vitamina C de la naranja, que ayuda a absorberlo —

PARA 12 BARRITAS

100 g de frutos secos variados sin sal, como nueces, nueces del Brasil, avellanas, pecanas, pistaches, nueces de la India

50 g de semillas variadas, como chía, amapola, de girasol, ajonjolí, linaza, calabaza

100 g de fruta seca variada, como arándanos, arándanos rojos, guindas, mango, chabacanos, higos, pasas

1 cucharadita colmada de jengibre en polvo

½ cucharadita de cúrcuma en polvo

1 naranja

2 plátanos maduros

1 cucharada de miel líquida

175 g de hojuelas de avena

10 g de salvado de avena

Precalentar el horno a 190 °C. En un procesador, triturar los frutos secos, las semillas, la fruta seca y las especias con la cáscara de naranja rallada fina, poner en un bol. Pelar la naranja y triturar los gajos con los plátanos pelados en el procesador. Verter la mezcla en una jarra medidora, añadir la miel y cubrir con agua hasta tener 500 ml en total. Verter en una sartén grande a fuego medio-fuerte y levantar el hervor, luego con una espátula de goma mezclar las hojuelas de avena, el salvado y la mezcla de frutos secos triturados. Seguir removiendo y aplastando la mezcla en el fuego 5 minutos, o hasta que la avena empiece a soltar el almidón y la mezcla se vuelva pegajosa.

Verter en una fuente de horno cuadrada antiadherente de 25 cm de lado. Extender la mezcla y, para que sirva de guía luego, marcar las doce barritas en la parte superior. Cocer en la parte inferior del horno de 45 a 50 minutos, o hasta que esté dorado y se haya cuajado. Dejar enfriar en la fuente 10 minutos, luego poner sobre una rejilla.

> Puedes guardar estas barritas en un recipiente hermético en el refrigerador hasta 3 días. Para un desayuno equilibrado, disfrútalas con fruta fresca y un vaso de leche.

CALORÍAS	GRASAS	GRASAS SATURADAS	PROTEÍNAS	CARBO-HIDRATOS	AZÚCARES	FIBRA	1 HORA
171 kcal	9.0 g	1.2 g	4.4 g	20.8 g	11.6 g	3.6 g	

PANECILLOS PARA EL DESAYUNO CON REQUESÓN, JAMÓN, SETAS Y TOMATE

___ Además de ser rápido de preparar y sabroso, el requesón, los huevos y el jamón aportan proteínas ___
sacientes que ayudan a que los músculos se recuperen y a sentirnos llenos hasta la comida

PARA 2 PERSONAS

1 cucharada colmada de harina
   integral con levadura

1 huevo grande

2 cucharadas colmadas
   de requesón

1 lonja de jamón ahumado
   de calidad

1 tomate pera maduro

2 champiñones portobello

15 g de parmesano

salsa picante

2 cucharadas de yogur natural

dos puñados de arúgula

½ limón real

Poner la harina en un bol y batir bien con el huevo y el requesón. Picar pequeño el jamón, el tomate y las setas, incorporar a la mezcla removiendo, con una pizca de sal marina y de pimienta negra. Poner una sartén grande antiadherente a fuego medio bajo. Cuando esté caliente, poner cucharadas colmadas de la mezcla para hacer seis panecillos. Dejar cocer unos minutos hasta que se doren, darles la vuelta y aplastarlos con una espátula hasta que tengan 1 cm de grosor.

Cuando estén dorados por ambos lados, retirar de la sartén y apagar el fuego, rallar el parmesano fino dentro de la sartén para que se funda. Poner los panecillos encima, esperar que el parmesano chisporrotee y se dore con el calor de la sartén. Con la espátula, poner el parmesano por encima de cada panecillo. Cuando los panecillos crujientes se puedan separar fácilmente de la sartén con la espátula, ponerlos en una tabla.

Poner un poco de salsa de chile en el yogur, aliñar la arúgula con el jugo de limón real y servir ambos en un lado. ¡Buen provecho!

CALORÍAS	GRASAS	GRASAS SATURADAS	PROTEÍNAS	CARBO-HIDRATOS	AZÚCARES	FIBRA	10 MINUTOS
189 kcal	9.0 g	4.0 g	15.1 g	11.8 g	4.3 g	2.5 g	

PAN RELLENO DE FRUTOS ROJOS
CON PISTACHES, YOGUR, MIEL Y CANELA

— Los pistaches son extrarricos en cloruro, necesario para producir ácido clorhídrico en el estómago, que a su vez ayuda a realizar una buena digestión y a mantener el intestino contento —

PARA 2 PERSONAS

2 huevos grandes

1 plátano pequeño maduro

nuez moscada rallada

canela en polvo

2 rebanadas gruesas de pan integral de semillas

150 g de frambuesas

aceite de oliva

20 g de pistaches pelados

4 cucharadas colmadas de yogur natural descremado

miel de manuka

En una batidora, batir los huevos, el plátano pelado y una pizca de nuez moscada y de canela hasta que esté homogéneo, verter en un bol grande y plano. Cortar el pan de un grosor de 2½ cm, luego hacer un corte en el lado más largo de cada trozo y con el cuchillo hacer como un bolsillo. Introducir las frambuesas en su interior con los dedos, meter tantas como quepan pero sin romper el pan. Ponerlo en la mezcla de huevos y aplastar suavemente el pan para que se empape.

Mientras, poner una sartén grande antiadherente a fuego medio bajo con 1 cucharadita de aceite, pasar un papel de cocina alrededor para retirar el exceso. Verter la mitad de la mezcla de huevo en un lado de la sartén, poner un trozo de pan empapado encima para formar una capa como de hot cake. Repetir la operación con el resto de huevo y el otro trozo de pan al lado. Cocer de 3 a 4 minutos, o hasta que se doren, luego darles la vuelta y cocer por el otro lado durante los mismos minutos. Mientras, machacar los pistaches en un molcajete, previamente tostados si se desea.

Servir el pan con las cucharadas de yogur, espolvorear los pistaches y una pizca más de canela y regar con un poco de miel.

CALORÍAS	GRASAS	GRASAS SATURADAS	PROTEÍNAS	CARBO-HIDRATOS	AZÚCARES	FIBRA	15 MINUTOS
344 kcal	14.4 g	3.1 g	18.8 g	38.2 g	17.4 g	6.7 g	

BURRITO ABIERTO ARCOÍRIS, ENSALADA, FETA Y FRIJOLES

— Los protagonistas de esta receta son los frijoles de carita, repletos de proteínas, hierro y vitaminas del grupo B, especialmente ácido fólico, muy importante para las embarazadas —

PARA 2 PERSONAS

200 g de frijoles de carita de lata

pimentón dulce ahumado

4 cucharadas colmadas de yogur natural

½ manojo de cilantro fresco (15 g)

2 limones

¼ de pepino pequeño

1 zanahoria pequeña

¼ de col morada pequeña (150 g)

1 tomate maduro

¼ de lechuga iceberg

1 chile jalapeño rojo y fresco

2 panes de pita de espelta o integrales

20 g de queso feta

Escurrir bien los frijoles, sazonar con una buena pizca de pimentón, poner en una sartén grande antiadherente a fuego alto y dejar cocer unos 10 minutos hasta que estén crujientes y empiecen a chisporrotear, reservar en un plato.

Mientras, en una batidora batir el yogur, la mitad de las hojas de cilantro y todos los tallos, y el jugo de 1 limón para hacer un aliño sencillo, probar y sazonar al gusto. Pasar el tenedor de arriba abajo del pepino para hacer unas ranuras, cortarlo junto con la zanahoria, la col, el tomate, la lechuga y el chile (sin semillas si lo prefieres), si tienes destreza, a mano con un buen cuchillo o, mejor todavía, con una mandolina para obtener mejores resultados (¡usa la protección!)

Calentar un poco los panes de pita en una sartén sin grasa durante 20 segundos para que sean flexibles, luego repartir las verduras entre los dos panes, poner encima los frijoles crujientes, un buen chorro del aliño y el queso feta desmenuzado. Esparcir por encima el resto de hojas de cilantro y exprimir más jugo de limón si se desea, al gusto. Enrollarlos y ¡al ataque! Es un poco caótico de comer, pero son deliciosos. Y son tan buenos tal cual como si se añade a la mezcla sobras de carne asada o a la parrilla.

CALORÍAS	GRASAS	GRASAS SATURADAS	PROTEÍNAS	CARBO-HIDRATOS	AZÚCARES	FIBRA	15 MINUTOS
313 kcal	8.9 g	3.0 g	15.9 g	37.2 g	10.8 g	16.5 g	

HUEVOS REVUELTOS - PRIMERA PARTE

Los huevos son increíbles: dos huevos aportan más vitamina B12 de la que necesitamos en un día. Esta ayuda a producir glóbulos rojos, que nos mantienen despiertos. Perfecto para la mañana

AMBOS PARA 1 PERSONA

HUEVOS CON SALMÓN AHUMADO Y CEBOLLINES

Poner **1 rebanada pequeña de pan de masa fermentada** a tostar. Limpiar **1 cebollín** y cortar finamente con **25 g de salmón ahumado**. Batir **2 huevos grandes** con una pizca de pimienta negra, mezclar con el cebollín cortado y el salmón ahumado. Poner una sartén pequeña antiadherente a fuego medio y pasarle un papel de cocina untado con aceite. Verter la mezcla de huevos en la sartén, remover cada 10 segundos con una espátula de goma hasta obtener sedosas tiras de huevo cocido, junto con huevo más cremoso y menos cuajado. Servir sobre la tostada, con **1 cuarto de limón real** para exprimir por encima.

CALORÍAS	GRASAS	GRASAS SATURADAS	PROTEÍNAS	CARBO-HIDRATOS	AZÚCARES	FIBRA	5 A 10 MINUTOS
315 kcal	15.0 g	3.9 g	25.1 g	20.8 g	2.2 g	1.3 g	

HUEVOS CON ESPINACAS, PARMESANO Y CHILE

Poner **1 rebanada pequeña de pan integral con semillas** a tostar. Poner una sartén pequeña antiadherente a fuego medio y pasarle un papel de cocina untado con aceite. Picar finamente **un puñado de espinacas baby** y añadir a la sartén para reblandecerlas; mientras, batir **2 huevos grandes** con una pizca de sal marina y de pimienta negra. Verter los huevos en la sartén, rallar encima **5 g de parmesano** y remover cada 10 segundos con una espátula de goma hasta obtener sedosas tiras de huevo cocido, junto con huevo más cremoso y menos cuajado. Servir encima de la tostada, con unas **rodajas de chile jalapeño rojo y fresco** por encima.

CALORÍAS	GRASAS	GRASAS SATURADAS	PROTEÍNAS	CARBO-HIDRATOS	AZÚCARES	FIBRA	5 A 10 MINUTOS
300 kcal	15.2 g	4.0 g	22.6 g	17.6 g	3.1 g	3.2 g	

HUEVOS REVUELTOS - SEGUNDA PARTE

Además de B12, los huevos son una fuente de casi todas las demás vitaminas del grupo B, de vitamina D, fósforo, yodo, selenio y proteínas: ¡eso sí que es una inagotable central de energía!

AMBOS PARA 1 PERSONA

HUEVOS CON TOMATE, QUESO Y ALBAHACA

Poner **1 rebanada pequeña de pan de centeno** a tostar. Poner una sartén pequeña antiadherente a fuego medio y pasarle un papel de cocina untado con aceite. Picar **2 tomates maduros**, añadir a la sartén una pizca de sal marina y de pimienta negra y cocer 5 minutos. Batir **2 huevos grandes** en un bol y añadir **8 hojas de albahaca rotas.** Cuando la salsa de tomate haya espesado, apartarla y fundir encima **5 g de queso.** Verter los huevos en la sartén y remover cada 10 segundos con una espátula de goma hasta obtener sedosas tiras de huevo cocido, junto con huevo más cremoso y menos cuajado. Mezclar con el tomate con queso y servir encima de la tostada.

CALORÍAS	GRASAS	GRASAS SATURADAS	PROTEÍNAS	CARBO-HIDRATOS	AZÚCARES	FIBRA	5 A 10 MINUTOS
270 kcal	13.3 g	4.0 g	21.3 g	18.1 g	6.3 g	3.4 g	

HUEVOS CON SETAS Y MARMITE

Poner **1 rebanada pequeña de pan integral con semillas** a tostar. Poner una sartén pequeña antiadherente a fuego medio y pasarle un papel de cocina untado con aceite. Cortar **un puñado de champiñones pequeños**, añadirlos a la sartén con **1 cucharadita de Marmite** (extracto de levadura de cerveza) y un chorrito de agua. Cocer unos minutos mientras se baten **2 huevos grandes** con una pizca de pimienta negra. Verter los huevos en la sartén y remover cada 10 segundos con una espátula de goma hasta obtener sedosas tiras de huevo cocido, junto con huevo más cremoso y menos cuajado. Servir encima de la tostada, espolvoreado con **una pizca de pimienta de cayena.**

CALORÍAS	GRASAS	GRASAS SATURADAS	PROTEÍNAS	CARBO-HIDRATOS	AZÚCARES	FIBRA	5 A 10 MINUTOS
265 kcal	12.3 g	3.3 g	22.4 g	18.2 g	1.7 g	3.7 g	

TORTILLA RÁPIDA CASERA, VERDURAS, CHILE, REQUESÓN Y AGUACATE

— Hacer unos rápidos y deliciosos burritos utilizando harina integral es súper fácil y proporciona una gran fuente de fibra para mantener a raya los ataques de hambre a media mañana —

PARA 2 PERSONAS

aceite de oliva extravirgen

vinagre de vino blanco

6 espárragos

6 ramitas de brócoli

2 tomates maduros

½ aguacate maduro

1 limón

80 g de harina integral con levadura, y un poco más para espolvorear

2 cucharadas colmadas de requesón

salsa de chile

Mezclar 1 cucharadita de aceite y 1 cucharadita de vinagre con una pizca de sal marina y de pimienta negra en un bol grande. Poner una sartén grande a fuego alto. Lavar los espárragos y el brócoli, eliminar las puntas duras y cortar los espárragos a lo largo (cualquier otra verdura de temporada será estupenda, escoge lo mejor que te ofrece cada temporada). Poner en la sartén caliente, la humedad que queda de enjuagarlas cocerá las verduras al vapor antes de que se escalden, darles la vuelta a media cocción. Cortar los tomates por la mitad y ponerlos boca abajo en la sartén. Dejar cocer 5 minutos, o hasta que se arrugue la piel y estén a punto de pegarse, retirar y mezclar con el aliño del bol.

Pelar y sacar el hueso del aguacate, aplastarlo en un molcajete hasta que esté homogéneo, mezclar con el jugo de limón y sazonar al gusto. Para hacer las tortillas, mezclar la harina con 50 ml de agua y una pizca de sal hasta obtener una masa lisa y flexible. En una superficie ligeramente enharinada, estirar la mitad de la masa hasta un grosor de 3 mm y 20 cm de diámetro. Poner la tortilla en una sartén caliente hasta que se dore por un lado y en la superficie salgan burbujas, repetir la operación con la otra tortilla. Me gusta dejarlas encima de un rodillo para que se curven y así quede sujeto el relleno.

Servir cada tortilla rellena con las verduras escaldadas. Poner encima una cucharada de aguacate con requesón, y acabar con un chorrito de salsa de chile.

CALORÍAS	GRASAS	GRASAS SATURADAS	PROTEÍNAS	CARBO-HIDRATOS	AZÚCARES	FIBRA	20 MINUTOS
235 kcal	8.4 g	1.7 g	10.2 g	31.4 g	6.0 g	7.4 g	

HOJUELAS DE AVENA TOSTADAS, MANGO, ARÁNDANOS Y YOGUR

— La avena nos llena y se quema lentamente, por lo que es un desayuno perfecto. Es rica en fibra y minerales, como el fósforo y el magnesio, que mantienen nuestros huesos fuertes y sanos —

PARA 1 PERSONA

un puñado de hojuelas de avena
(50 g)

1 cucharadita rasa de semillas
de hinojo

1 cucharadita colmada de
hojuelas de coco

2 cucharadas colmadas de
yogur natural

un puñado pequeño de
arándanos

agua de rosa (opcional)

1 mango pequeño maduro

½ plátano

½ limón

miel de manuka (opcional)

Poner las hojuelas de avena en una sartén pequeña a fuego medio con las semillas de hinojo y el coco y tostar hasta que estén ligeramente dorados y desprendan un delicioso aroma, removiendo de vez en cuando. Verter en un bol y poner 1 cucharada de yogur encima.

Poner de nuevo la sartén en el fuego. Añadir los arándanos con un buen chorro de agua y unas gotas de agua de rosas (si se desea), que le aportarán un increíble sabor aromático. Hervir un par de minutos hasta que la fruta se abra y forme una salsa clara, poner la otra cucharada de yogur encima.

Cortar la pulpa de una de las mitades del mango en forma de entrecruzado, con cuidado de no cortar la piel, girarlo al revés para presentarlo como un erizo de mango (reservar el resto de mango para otra preparación). Pelar y cortar el plátano y aliñar las dos frutas con jugo de limón. Añadirlas al bol y ¡al ataque! Así está buenísimo, pero si quieres puedes añadir 1 cucharadita de miel por encima antes de servir.

CALORÍAS	GRASAS	GRASAS SATURADAS	PROTEÍNAS	CARBO- HIDRATOS	AZÚCARES	FIBRA	10 MINUTOS
329kcal	8.3 g	3.4 g	9.1 g	53.5 g	19.7 g	8.5 g	

MUFFINS DE CAMOTE,
CHILE, REQUESÓN Y SEMILLAS

Los camotes aportan vitamina C, que protege las células de los daños por estrés. Los huevos, el queso y las semillas contienen proteínas, que nos ayudan a sentirnos llenos hasta la comida

PARA 6 RACIONES

aceite de oliva

600 g de camote o ½ calabaza
   moscada

4 cebollines

1-2 chiles rojos frescos

6 huevos grandes

3 cucharadas de requesón

250 g de harina integral
   con levadura

50 g de parmesano

1 cucharada de semillas de
   girasol

1 cucharada de semillas
   de amapola

Precalentar el horno a 180 °C. Forrar un molde para 12 muffins con cápsulas de papel o con cuadrados de papel de horno de 15 cm, engrasarlos ligeramente con papel de cocina untado con aceite. Pelar los camotes y rallarlos gruesamente en un bol grande. Limpiar los cebollines, cortarlos finos con el chile y añadir al bol, reservando la mitad del chile. Cascar los huevos, añadir el requesón y la harina, rallar fino casi todo el parmesano y sazonar con sal marina y pimienta negra. Mezclar bien hasta que la masa esté homogénea.

Repartir la masa entre los moldes. Espolvorear por encima las pepitas de girasol y las semillas de amapola, acabar con el chile reservado. Espolvorear el resto de parmesano por encima y hornear en la parte de abajo del horno de 45 a 50 minutos, o hasta que estén dorados (si lo hacemos con calabaza, se cocerá más rápido, comprobar la cocción a los 35 minutos).

Son fantásticos servidos calientes, 5 minutos después de hornearlos, se conservan bien un par de días en el refrigerador. Servir 2 muffins por ración.

Me gusta hacer la mezcla para muffins y dividirla la noche anterior, así a la mañana siguiente estará lista para hornear. Incluso puedes ir sacando y horneando las porciones poco a poco, como y cuando quieras comerlas.

CALORÍAS	GRASAS	GRASAS SATURADAS	PROTEÍNAS	CARBO-HIDRATOS	AZÚCARES	FIBRA	1 HORA
366 kcal	12.5 g	3.9 g	18.2 g	49.2 g	7.1 g	6.5 g	

FANTÁSTICA ENSALADA DE FRUTAS CON SUS DELICIOSOS JUGOS NATURALES

_ El aceite de oliva extravirgen nos ayudará a que el cuerpo absorba las vitaminas liposolubles esenciales, como la vitamina E, que se encuentra en estas frutas _

PARA 10 RACIONES

2 maracuyás maduros

2 clementinas

2 limones

½ manojo de menta fresca (15 g)

1 cucharada de aceite de oliva extravirgen prensado en frío

1 cucharadita de vinagre balsámico

1 piña madura

1 mango maduro

2 duraznos maduros

250 g de fresas

200 g de arándanos

150 g de moras

Prepara una buena cantidad de esta deliciosa ensalada de frutas y se conservará en el refrigerador durante varios días. Un modo fácil de comer cosas buenas.

Coger un recipiente grande que quepa en el refrigerador. Cortar por la mitad los maracuyás, retirar la pulpa con una cucharilla y poner en el recipiente junto con el jugo de todos los cítricos. Separar las hojas de menta y cortar en juliana, añadir el aceite y el vinagre balsámico (confía en mí) y mezclar bien. Esto le dará más sabor a la fruta y el ácido hará que no pierdan color, pero diviértete mezclando ingredientes para añadir sabores, como jengibre, citronela, albahaca fresca, melisa, vainilla, lichis de lata o incluso ciruelas, que potenciarán los sabores de los jugos.

Para preparar las frutas, simplemente limpiarlas y cortarlas del tamaño de un bocado para que sean fáciles de comer. Hay que evitar cualquier fruta estropeada, es mejor congelarla y usarla para batidos. Ir añadiendo la fruta en el recipiente a medida que se va cortando, verter todos los jugos, tapar y reservar en el refrigerador hasta que se vaya a comer.

La combinación de frutas de la receta es una de mis preferidas, pero se puede agregar cualquier otra fruta suficientemente fuerte como uvas, melón (pero no sandía), peras, ciruelas y papaya. Hay alguna fruta que suele ser más blanda, como plátanos, frambuesas y otros frutos rojos, sandía y kiwi, pero puedes añadirla en el momento de servir. Así aumentarás tu consumo de frutas, porque ya sabes que en la variedad está el gusto. Servir con yogur o requesón, frutos secos tostados y semillas o granola en polvo (página 18).

CALORÍAS	GRASAS	GRASAS SATURADAS	PROTEÍNAS	CARBO-HIDRATOS	AZÚCARES	FIBRA	20 MINUTOS
73 kcal	1.5 g	0.2 g	1.1 g	14.3 g	13.3 g	2.5 g	

SABROSO PAN PROTEICO
SIN TRIGO Y SIN GLUTEN

— Si vas al gimnasio por la mañana, este pan rico en proteínas es un gran desayuno. Puedes llevártelo, te ayudará a recuperarte mejor. Gira la página para ver con qué lo puedes acompañar —

PARA 14 RACIONES

1 sobre de 7 g de levadura seca

4 cucharadas de aceite de oliva extravirgen

250 g de harina de garbanzos

100 g de almendras molidas

50 g de semillas de linaza

100 g semillas variadas, como chía, amapola, de girasol, ajonjolí, calabaza

1 ramita de romero fresco

4 huevos grandes

3 cucharaditas de Marmite (extracto de levadura de cerveza), opcional

Precalentar el horno a 190 °C. Forrar un molde para pan de 1.5 litros con papel de horno. Llenar un recipiente con 375 ml de agua templada, añadir la levadura y el aceite, trabajar con un tenedor hasta que esté bien mezclado y dejar reposar 5 minutos.

Poner la harina, las almendras molidas y todas las semillas en un recipiente grande con una pizca de sal marina y hacer un agujero en medio. Picar pequeñas las hojas de romero y añadirlas. Cascar los huevos, añadir la Marmite (si se utiliza, o eliminar si se quiere un pan sin gluten) y batirlo junto, verter la mezcla de levadura. A medida que se va batiendo, ir incorporando la harina de los bordes hasta que se mezcle bien (tendrá más el aspecto de una pasta que de una masa). Verter en el molde preparado y alisar uniformemente la superficie.

En este punto tenemos dos opciones, hornearlo en seguida, así subirá un poco más y tendrá un sabor fantástico, o taparlo y reservar en el refrigerador toda la noche para que se desarrollen algunos sabores ácidos un tanto más complejos. Ambas opciones son buenas, pero distintas. Para hornearlo, poner en medio del horno 45 minutos, o hasta que se dore. Comprobar que esté cocido por dentro introduciendo un palillo que salga limpio. Desmoldar en una rejilla y dejar enfriar por lo menos 20 minutos antes de comerlo. Servir.

> Este pan se mantiene tierno un par de días, y quedará delicioso tostado unos días más. Incluso puedes utilizar las sobras para hacer picatostes.

CALORÍAS	GRASAS	GRASAS SATURADAS	PROTEÍNAS	CARBO-HIDRATOS	AZÚCARES	FIBRA	1 HORA MÁS EL TIEMPO DE ENFRIAR
213 kcal	14.5 g	2.0 g	10.0 g	10.2 g	0.9 g	5.1 g	

UN SINFÍN DE IDEAS PARA ACOMPAÑAR EL PAN PROTEICO, UN SUPERALIMENTO

Esta página será una colorida inspiración para conseguir sabrosas combinaciones que te llenarán de bienestar. Elige tus favoritos y ¡a comer!

1. Huevo duro picado, yogur, pimentón dulce y germinados

2. Tomates corazón de buey maduros, emmental suizo y pimienta negra

3. Queso para untar descremado, tomates cherry maduros y albahaca

4. Requesón, huevo pasado por agua, pimentón dulce y cebollín

5. Espinacas salteadas y requesón

6. Betabel aplastado, yogur natural y vinagre balsámico

7. Pepino rallado y requesón con salmón ahumado

8. Queso para untar descremado, cerezas y canela

9. Queso para untar descremado, pepino y salsa picante

10. Queso para untar descremado, espárragos asados con limón, menta fresca y chile

11. Yogur natural, plátano y canela

12. Huevo frito, yogur natural, tomates cherry maduros y curry en polvo

13. Aguacate, requesón y salsa tabasco de chipotle

14. Hummus, granos de granada y arúgula

15. Marmite, aguacate maduro y yogur natural

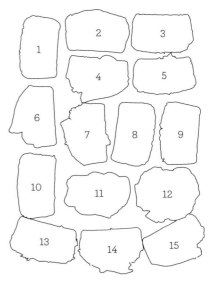

SUPERENSALADA DE POLLO, QUINOA Y MUCHAS VERDURAS PARA DESPUÉS DEL GIMNASIO

— El pollo y la quinoa son excelentes después del ejercicio, ya que las proteínas ayudan al crecimiento muscular. Hay que comer esta ensalada durante los 50 minutos después de ejercitarse —

PARA 1 PERSONA

60 g de quinoa blanca, roja o negra

¼ de pepino pequeño

¼ de lechuga iceberg pequeña

½ zanahoria pequeña

½ manzana

1 tomate maduro

½-1 chile rojo fresco

2 ramitas de menta fresca

un puñado pequeño de espinacas baby

1 limón

1 cucharada colmada de yogur natural

1 cucharadita de salsa picante

80 g de restos de pechuga de pollo asado sin piel

½ barqueta de germinado de berros

Cocinar la quinoa siguiendo las instrucciones del paquete, escurrir (se puede ahorrar tiempo si se ha podido preparar con anticipación la quinoa, se ha reservado en el refrigerador y ya está lista para esta receta).

En una tabla de cortar, picar en trozos irregulares el pepino, la lechuga, la zanahoria, la manzana y el tomate. Picar finamente el chile (sin semillas si se prefiere), añadir las hojas de menta y las espinacas. Exprimir encima el jugo de limón y poner la cucharada de yogur. Regar con la salsa de chile, picar todos los ingredientes bastante pequeños y mezclar bien para que se integren todos los sabores.

Mezclar con la quinoa, desmenuzar y añadir el pollo, probar y sazonar al gusto con sal marina, pimienta negra y un poco más de chile o de jugo de limón, si es necesario. Servir en un recipiente, o en una tortilla, sobre la marcha, con los berros germinados esparcidos por encima. Delicioso.

CALORÍAS	GRASAS	GRASAS SATURADAS	PROTEÍNAS	CARBO-HIDRATOS	AZÚCARES	FIBRA	30 MINUTOS
400 kcal	6.8 g	1.5 g	38.1 g	49.6 g	19.3 g	4.3 g	

HOT CAKES SALUDABLES DE REQUESÓN Y MAÍZ, TOCINO Y PLÁTANO CARAMELIZADO

— El requesón es una gran variación para esta masa, pues consigue que los hot cakes sean superligeros y suaves. Además de ser bajo en grasas, también es muy rico en proteínas —

PARA 4 PERSONAS

340 g de granos de elote en lata

6 cebollines

1 chile fresco

2 huevos grandes

200 g de requesón

150 g de harina integral
con levadura

50 ml de leche semidescremada

aceite de oliva

4 rebanadas de tocino

4 plátanos pequeños

salsa tabasco (opcional)

Poner el maíz en un recipiente con su jugo. Limpiar los cebollines y cortarlos finos con el chile (sin semillas si se prefiere), añadir al recipiente los huevos, el requesón y la harina. Mezclar y verter la leche poco a poco para diluir la masa hasta obtener una pasta espesa pero húmeda. Sazonar ligeramente con sal marina y pimienta negra.

Me gusta hacer y servir 2 hot cakes cada vez, así cada comensal tiene un precioso plato caliente de comida. Poner una sartén grande antiadherente a fuego medio y pasarle un papel de cocina untado con aceite. Poner 1 rebanada de tocino en la sartén y, cuando empiece a soltar su grasa, repartirla por toda la sartén. Añadir 2 cucharones pequeños de masa a un lado y aplastarlos un poco. Pelar 1 plátano y cortar en cuatro trozos al bies. Añadir a la sartén para caramelizarlos, dando la vuelta cuando estén dorados. Cuando los hot cakes estén dorados por la parte de abajo, darles la vuelta para cocerlos del otro lado. Controlar la temperatura para que todo esté listo al mismo tiempo es un arte, puedes ir ajustando la temperatura a medida que lo vas cociendo hasta que le cojas el tranquillo.

Si ya tienes tu primer comensal sentado a la mesa, sírvele sus hot cakes con el plátano, el tocino y la salsa tabasco (en este receta me gusta el de jalapeño), mientras tú te pones manos a la obra con la siguiente ración.

CALORÍAS	GRASAS	GRASAS SATURADAS	PROTEÍNAS	CARBO-HIDRATOS	AZÚCARES	FIBRA	30 MINUTOS
400 kcal	10.7 g	4.0 g	18.2 g	59.9 g	23.8 g	6.6 g	

CIRUELAS EN COMPOTA, TOSTADAS, PLÁTANO, YOGUR Y ALMENDRAS

_ Las ciruelas son una fantástica fuente de fibra, de ahí su fama de mantener nuestra regularidad. _
Con yogur, también contribuirán a mantener sanas nuestras bacterias intestinales

PARA 6 RACIONES

800 g de ciruelas en su jugo

2 bolsitas de té earl grey

una pizca de clavos de olor
en polvo

1 trozo de jengibre de 2 cm

PARA CADA RACIÓN

1 rebanada gruesa de pan integral
con semillas

1 cucharada de almendras
fileteadas

½ plátano

1 cucharada colmada de
yogur griego

Escurrir el jugo de las ciruelas en una sartén. Añadir las bolsitas de té y el clavo de olor. Pelar el jengibre, picar pequeño y agregarlo. Poner a fuego medio hasta que burbujee y espese unos 7 minutos, quitar los huesos de las ciruelas. Cuando estén cocidas, retirar las bolsitas de té y remover las ciruelas con el sirope espeso.

Para cada ración, poner a tostar una rebanada de pan mientras se tuestan ligeramente las almendras en una sartén sin grasa a fuego medio. Cortar el plátano y aplastarlo encima de la tostada con un tenedor. Poner encima la cucharada de yogur, añadir 1 cucharada colmada de compota de ciruelas caliente o fría, esparcir las almendras y ¡a devorar!

Lo que me encanta de estas deliciosas ciruelas fáciles de cocinar es que las puedes preparar y servir calientes para muchos comensales, o puedes hacer una buena cantidad el fin de semana para disfrutarlas los días siguientes. En el refrigerador se mantienen hasta una semana.

CALORÍAS	GRASAS	GRASAS SATURADAS	PROTEÍNAS	CARBO-HIDRATOS	AZÚCARES	FIBRA	20 MINUTOS
362 kcal	9.3 g	2.2 g	12.0 g	61.2 g	40.1 g	7.2 g	

MI MUESLI BIRCHER CON FRUTA, FRUTOS SECOS, YOGUR Y SEMILLAS

Esta receta rebosa salud. Es superrica en fibra y contiene una dosis necesaria de fruta, además de frutos secos y semillas. Un inicio del día idóneo, que puedes llevar contigo

PARA 10 RACIONES

100 g de chabacanos secos

1 litro de leche de vaca o de nueces

2 plátanos maduros

1 naranja

1 hoja de laurel fresco

1 vaina de vainilla

500 g de hojuelas de avena

PARA CADA RACIÓN

2 cucharadas de yogur natural

½ manzana o pera

1 cucharadita de nueces sin sal

1 cucharadita de semillas variadas

un puñado de frutos rojos

Poner los chabacanos secos en una batidora. Verter la leche, pelar y cortar los plátanos, añadirlos. Agregar el jugo y la ralladura de naranja. Retirar el tallo del laurel y picar la hoja bien pequeña. Abrir por la mitad longitudinalmente la vaina de vainilla y rascar las semillas, añadirlas a la batidora con el laurel (poner la vaina de vainilla en un frasco de miel para darle más sabor y utilizar en otra ocasión). Triturar unos minutos hasta que esté homogéneo y liso, luego en un recipiente mezclar con las hojuelas de avena y reservar en el refrigerador por lo menos 2 horas, mejor toda la noche.

Para cada ración, añadir el yogur y rallar encima la manzana o la pera, mezclándolo si se prefiere. Tostar los frutos secos y las semillas —me gusta mezclarlos cada vez. Se pueden poner pistaches, nueces de la India, almendras, chía, semillas de amapola, de girasol o linaza, machacarlos y esparcirlos por encima, servir con frutos rojos frescos.

Se conserva en el refrigerador 2 días o incluso más, y es un desayuno perfecto para llevar. Solo tienes que añadir cada mañana los complementos y ya puedes salir.

CALORÍAS	GRASAS	GRASAS SATURADAS	PROTEÍNAS	CARBO-HIDRATOS	AZÚCARES	FIBRA	5 MINUTOS MÁS TIEMPO DE REMOJO
358 kcal	10.6 g	2.4 g	10.4 g	53.2 g	23.7 g	8.9 g	

SETAS SALTEADAS, TOMATE, PANCETA, ESPINACAS Y REQUESÓN

— En este equilibrado desayuno las protagonistas son las setas, una gran fuente de cobre, uno de los nutrientes esenciales que necesita el sistema nervioso para funcionar con eficiencia —

PARA 1 PERSONA

6 champiñones portobello

1 tomate maduro

aceite de oliva

vinagre de vino blanco

salsa tabasco de chipotle

1 rebanada de pan integral
con semillas

1 rebanada de panceta ahumada

un puñado de espinacas baby

1 cucharada de requesón

Cortar el borde y el tallo de las setas y ponerlos en un recipiente (guardar los trozos y el tallo para otra preparación). Cortar el tomate por la mitad, añadir al recipiente 1 cucharadita de aceite, 1 de vinagre y unas gotas de tabasco, mezclarlo todo. Poner una sartén grande antiadherente a fuego medio y colocar tomate y setas boca abajo, junto con la rebanada de pan y la panceta.

Me gusta dejarlo cocer todo y dorarse de 10 a 15 minutos, dando la vuelta al tomate y al pan a media cocción. Vigilar la panceta y ponerla sobre el pan cuando ya esté crujiente. Dejar que las setas se doren bien por debajo antes de darles la vuelta. Cuando falten un par de minutos, apartar todos los ingredientes a un lado y añadir las espinacas para saltearlas. Sazonar al gusto.

Poner la tostada en el plato, hacer un montoncito encima con las espinacas, luego el requesón, el tomate y la panceta. Servir con más tabasco y con las setas bien doradas a un lado, sazonar al gusto y ¡al ataque!

CALORÍAS	GRASAS	GRASAS SATURADAS	PROTEÍNAS	CARBO-HIDRATOS	AZÚCARES	FIBRA	20 A 25 MINUTOS
247 kcal	11.8 g	2.8 g	10.4 g	23.3 g	5.9 g	4.6 g	

PAN DE EARL GREY Y PLÁTANO, DURAZNOS A LA PLANCHA, YOGUR Y FRUTOS SECOS

— La dosis de potasio que contienen los plátanos mantiene el sistema nervioso en buena forma, contribuyendo a la comunicación interna del cuerpo y a una presión arterial saludable —

PARA 8 PERSONAS

1 bolsita de té earl grey

50 g de plátano seco sin azúcar

50 g de dátiles

50 g de nueces pecanas

150 g de harina integral con levadura

50 g de harina de centeno

1 cucharadita rasa de levadura en polvo

2 plátanos grandes maduros

2 huevos grandes

50 ml de jarabe de maple

4 cucharadas de aceite de oliva

PARA CADA RACIÓN

1 durazno o nectarina maduros

vinagre balsámico

1 cucharada colmada de yogur natural

1 cucharada de almendras enteras

Precalentar el horno a 180 °C. Forrar un molde para pan de 1.5 litros con papel de horno húmedo. Hacer una taza de té earl grey con 100 ml de agua hirviendo, retirando la bolsita al cabo de 3 minutos. En un procesador, triturar el plátano seco, los dátiles deshuesados, las pecanas, las harinas, la levadura y una pizca de sal marina hasta que esté bien picado. Añadir los plátanos pelados, los huevos, el jarabe de maple, el aceite y el té, triturar de nuevo hasta que esté bien mezclado.

Verter la mezcla en el molde preparado, golpearlo suavemente para aplanar la superficie, levantar el papel de horno por los lados para que quede uniforme, hornear de 50 a 55 minutos, o hasta que esté dorado y al introducir un palillo salga limpio. Desmoldar con cuidado sobre una rejilla y dejar enfriar.

Para servir, me gusta tostar dos rebanadas de pan de plátano por ración, servir con un durazno, o una nectarina, cortado por la mitad sin hueso y asado a la plancha, esto potencia su dulzor natural. Luego le pongo un chorrito de vinagre balsámico (también le puedes poner un chorrito de miel de manuka). Añadir la cucharada de yogur, unas cuantas almendras tostadas y machacadas, y ¡al ataque! También es delicioso con unas hojitas de menta fresca por encima. Si sobra pan, se conservará de 2 a 3 días en un recipiente hermético.

CALORÍAS	GRASAS	GRASAS SATURADAS	PROTEÍNAS	CARBO-HIDRATOS	AZÚCARES	FIBRA	1 HORA 10 MINUTOS
389 kcal	19.6 g	2.8 g	9.8 g	44.6 g	25.6 g	4.7 g	

COMIDAS

La comida es muy importante para mí, sobre todo cuando estoy en el trabajo. Es nuestra oportunidad de mantener los niveles de energía y de concentración para aprovechar al máximo el resto del día. En este capítulo encontrarás una gran variedad de comidas deliciosas, sencillos y rápidas de preparar. Algunas se pueden elaborar por adelantado, llevarlas al trabajo y disfrutarlas durante el descanso. Todas las recetas combinan los distintos grupos de alimentos y tienen menos de 600 calorías por ración, igual que las recetas para la cena, por lo que puedes mezclar platos de los dos capítulos si deseas ampliar tu repertorio.

SABROSOS TACOS DE PESCADO, KIWI, LIMÓN Y SALSA DE CHILE

Un solo filete de bacalao constituye una fuente de siete vitaminas y minerales esenciales; además, este colorido plato nos aporta 3 de nuestras 5 raciones de verdura diarias

PARA 2 PERSONAS

100 g de harina integral

2 kiwis maduros

4 cebollines

1 chile jalapeño fresco

1 manojo de cilantro fresco (30 g)

2 limones

salsa tabasco de chipotle

¼ de col morada pequeña (150 g)

1 cucharada de vinagre de vino tinto

½ naranja

1 pimiento rojo o amarillo

2 filetes de 120 g cada uno de pescado blanco firme, como bacalao, con piel, sin escamas y sin espinas

aceite de oliva

2 cucharadas de yogur natural

En un recipiente, mezclar la harina y una pizca de sal con 60 ml de agua para elaborar la masa. Amasar un par de minutos y reservar. Pelar los kiwis, cortar por la mitad y poner en una sartén grande antiadherente a fuego medio con la parte verde de los cebollines y el chile sin semillas. Escaldarlo todo, removiendo de vez en cuando, poner en una batidora con la mitad del cilantro, el jugo de 1 limón y un chorrito de tabasco. Batir hasta que esté homogéneo, probar y sazonar al gusto. Cortar la col morada en tiras muy finas, a ser posible con la mandolina (¡usa la protección!), mezclar con el resto de hojas de cilantro y el jugo de naranja, sazonar.

Para hacer los tacos, dividir la masa en cuatro bolas y estirarlas finas. Cocerlas en una sartén antiadherente 1 minuto por cada lado hasta que estén hechas, darles la vuelta cuando en la superficie salgan burbujas. Tapar con un paño de cocina para mantenerlas templadas.

Cortar la parte blanca de los cebollines. Quitar las semillas del pimiento y cortar en dados de 1 cm. Cortar el pescado en tiras de 2 cm, mezclar con el cebollín, el pimiento y 1 cucharada de aceite. Poner de nuevo la sartén a fuego alto y rehogar la mezcla de pescado unos 4 minutos, o hasta que el pescado esté cocido y ligeramente dorado. Repartir el yogur, el pescado y las verduras entre los tacos. Servir con la col morada aliñada, la salsa picante y gajos de limón para exprimir por encima, y ¡a comer!

CALORÍAS	GRASAS	GRASAS SATURADAS	PROTEÍNAS	CARBO-HIDRATOS	AZÚCARES	FIBRA	35 MINUTOS
418 kcal	10.6 g	1.8 g	35.2 g	48.3 g	16.8 g	8.4 g	

TERNERA CRUJIENTE CON TALLARINES INTEGRALES DE ARROZ Y ENSALADA

— La ternera está repleta de cinc, necesario para construir el ADN y metabolizar vitaminas y minerales imprescindibles, que nos permitirán aprovechar mejor lo que comemos —

PARA 2 PERSONAS

1 cucharada de cacahuates sin sal

2 dientes de ajo

1 trozo de jengibre de 5 cm

aceite de ajonjolí

2 anises estrella

200 g de ternera picada sin grasa

1 cucharadita de miel líquida

1 cucharadita de salsa de pescado

1 cucharadita de salsa de soya
   baja en sal

2 limones

150 g de tallarines integrales
   de arroz

2 cebollines

1 chile rojo fresco

200 g de ensaladas variadas,
   como lechuga, zanahoria,
   rábanos, germinado de berros,
   espinacas

4 ramitas de cilantro fresco

Tostar ligeramente los cacahuates en una sartén sin grasa, machacarlos en el molcajete y reservar. Pelar y picar finos el ajo y el jengibre. Poner 1 cucharada de aceite de ajonjolí y el anís estrella en una sartén a fuego medio alto. Añadir la carne picada, removiéndola con una cuchara de madera, luego la mitad del ajo y del jengibre y la miel. Rehogar 5 minutos, revolviendo hasta que se dore y quede crujiente. Mientras, machacar en un molcajete el resto del ajo y del jengibre hasta obtener una pasta, mezclar con la salsa de pescado, la de soya y el jugo de limón para hacer el aliño. Cocer los tallarines siguiendo las instrucciones del paquete. Limpiar los cebollines, laminarlos finamente junto con el chile (sin semillas si se desea). Preparar la ensalada, rompiendo las hojas de lechuga y cortar en bastoncitos o en rodajas finas todas las verduras para que sean fáciles de comer.

Llenar bien los platos con esta estupenda ensalada de hortalizas, escurrir y añadir los tallarines. Poner por encima el aliño, esparcir la carne crujiente, el chile, los cebollines y los cacahuates machacados, repartir las hojas de cilantro y ¡al ataque!

CALORÍAS	GRASAS	GRASAS SATURADAS	PROTEÍNAS	CARBO-HIDRATOS	AZÚCARES	FIBRA	25 MINUTOS
440 kcal	20.3 g	6.0 g	27.5 g	37.8 g	10.7 g	2.8 g	

PASTA RADIANTE CON TOMATE DULCE, BERENJENA Y RICOTTA

— Además de ser muy baja en grasas saturadas en relación a los demás quesos, la ricotta también es rica en calcio, esencial para mantener los dientes y los huesos fuertes y en buen estado —

PARA 4 PERSONAS

2 berenjenas

1-2 chiles rojos frescos

40 g de piñones

2 dientes de ajo

1 manojo de albahaca fresca (30 g)

aceite de oliva

800 g de tomates pera de lata

300 g de fusilli integrales

200 g de ricotta

10 g de parmesano

Colocar una vaporera de bambú de dos pisos encima de una olla con agua con sal hirviendo. Cortar las berenjenas por la mitad a lo largo y ponerlas en la vaporera con la piel hacia arriba, con los chiles enteros. Tapar y cocer al vapor 25 minutos, o hasta que estén tiernas, retirar. Poner los chiles en un bol pequeño y tapar con papel transparente.

Tostar los piñones ligeramente en una cacerola grande a fuego medio, machacarlos un poco en un molcajete. Pelar los ajos y laminarlos finos, picar pequeños los tallos de albahaca y añadir a la cacerola 1 cucharada de aceite, poner al fuego y dejar que se dore. Agregar los tomates aplastándolos y estrujándolos con las manos. Llenar las dos latas con agua, rebañarlos y verter en la cacerola una buena pizca de sal marina y pimienta negra. Llevar a ebullición, dejar cocer a fuego lento 40 minutos, o hasta que se haya reducido a la mitad. En los últimos 10 minutos añadir las berenjenas picadas gruesas.

Mientras, cocer la pasta en una olla con agua con sal siguiendo las instrucciones del paquete, escurrir reservando una taza del agua de cocción. Pelar y quitar las semillas de los chiles, picar y añadir a la salsa. Incorporar casi todas las hojas de albahaca desmenuzadas y sazonar al gusto. Mezclar la pasta con la ricotta y con la salsa, desleírla con un poco de agua de cocción si fuera necesario. Servir con los piñones y repartir el resto de hojas de albahaca y el parmesano rallado por encima.

CALORÍAS	GRASAS	GRASAS SATURADAS	PROTEÍNAS	CARBO-HIDRATOS	AZÚCARES	FIBRA	1 HORA
472 kcal	18.9 g	5.3 g	20.5 g	60.2 g	12.0 g	10.0 g	

ENSALADA DE NARANJA CON BRESAOLA Y TORTITAS DE CENTENO

— No te pierdas las tortitas de centeno, son fantásticas; además, el centeno es una gran fuente de cinc, que favorece la función cognitiva y ayuda a mantener las uñas y la piel sanas —

PARA 2 PERSONAS

1 naranja

aceite de oliva extravirgen

vinagre de vino tinto

½ cebolla morada

un puñado de enokis o de champiñones portobello

½ manojo de perejil fresco (15 g)

1 endivia roja

dos puñados grandes de berros y de arúgula

1 tortita de centeno muy grande

20 g de parmesano

6 rebanadas delgadas de bresaola

Limpiar y cortar los extremos de la naranja, apoyarla por uno de los extremos y pelar. Sacar los gajos en un recipiente para aprovechar todo su jugo. Añadir una pizca de sal marina y de pimienta negra con 1 cucharada de aceite y 1 de vinagre. Pelar y cortar muy fina la cebolla morada, a ser posible con la mandolina (¡usa la protección!), laminar las setas o dejarlas enteras, picar finas las hojas de perejil, añadirlo todo al recipiente y mezclar bien.

Cortar fino el extremo del tallo de la endivia, aproximadamente hasta la mitad, separar las hojas enteras y poner con cuidado encima de la ensalada con los berros y la arúgula, mezclarlo todo momentos antes de servir.

Si encuentras tortitas de centeno gigantes, úsalas como plato (si has encontrado tortitas pequeñas, reparte la ensalada entre ellas). Disponer la ensalada encima, con un pelapapas hacer virutas de parmesano. Poner la bresaola encima en forma de ondas y servir. Sencilla, exuberante, fácil y deliciosa.

CALORÍAS	GRASAS	GRASAS SATURADAS	PROTEÍNAS	CARBO-HIDRATOS	AZÚCARES	FIBRA	15 MINUTOS
329 kcal	10.7 g	3.2 g	15.8 g	45.9 g	13.0 g	3.6 g	

FORMIDABLE ENSALADA CÉSAR DE POLLO CON PICATOSTES

La coliflor cortada muy fina es deliciosa, y si la comemos cruda obtenemos el doble de vitamina B6 y tres veces más de potasio, que mantiene sano nuestro sistema nervioso

PARA 2 PERSONAS

1 limón real

15 g de parmesano

2 filetes de anchoas en aceite

4 cucharadas colmadas de yogur natural

½ cucharadita de mostaza inglesa

1 cucharadita de salsa Worcestershire

vinagre de vino blanco

aceite de oliva extravirgen

1 cebolla morada pequeña

½ coliflor pequeña (300 g)

1 lechuga romana

aceite de oliva

1 ramita de romero fresco

2 pechugas de pollo sin piel de 120 g cada una

1 rebanada gruesa de pan integral

Rallar finamente la cáscara de limón real y el parmesano en un recipiente grande. Cortar y añadir las anchoas junto con el yogur, la mostaza y la salsa Worcestershire. Exprimir la mitad del jugo de limón real, añadir 1 cucharada de vinagre y 2 de aceite de oliva extravirgen y mezclar para elaborar el aliño.

Ahora puedes convertir una simple ensalada en algo espléndido, tomando tu tiempo si tienes habilidades con el cuchillo o, todavía mejor, con una mandolina para conseguir más precisión y elegancia (¡usa la protección!). Pelar y cortar muy finamente la cebolla morada, mezclar con el aliño. Desechar las hojas estropeadas de la coliflor, cortarla finamente. Cortar pequeña la lechuga con las manos y poner ambas encima de la cebolla aliñada, mezclarlo todo junto momentos antes de servir.

Poner 1 cucharadita de aceite de oliva en una sartén a fuego medio. Echar las hojitas de romero encima del pollo y sazonar por ambos lados, aplastándolo un poco con la palma de la mano. Cocer 4 minutos por cada lado, o hasta que esté hecho y dorado. Cortar el pan en dados y tostarlo al lado del pollo, removiendo de vez en cuando hasta que esté dorado, retirarlo cuando esté muy crujiente. Mezclar la ensalada y sazonar al gusto, cortar el pollo y servir con los picatostes esparcidos y gajos de limón para exprimir por encima.

CALORÍAS	GRASAS	GRASAS SATURADAS	PROTEÍNAS	CARBO- HIDRATOS	AZÚCARES	FIBRA	25 MINUTOS
418 kcal	17.5 g	4.9 g	43.0 g	23.3 g	12.5 g	6.1 g	

ENSALADA DE SEMILLAS GERMINADAS, TOCINO Y ALIÑO BALSÁMICO

— Elige pequeñas semillas germinadas, que contienen más compuestos bioactivos beneficiosos y protegen nuestras células del cáncer y determinadas enfermedades cardiovasculares —

PARA 2 PERSONAS

1-2 rebanadas de pan de centeno (150 g)

1 rebanada de tocino

aceite de oliva

2 dientes de ajo pequeños

1 ramita de romero fresco

3 cucharadas de vinagre balsámico

100 g de espinacas baby

1 pimiento rojo grande asado y sin piel o 2 pequeños, en salmuera

300 g de germinados variados, como alfalfa, lentejas, garbanzos, soya verde

30 g de queso feta

Desmenuzar el pan de centeno y triturar en un procesador, tostar en una sartén grande antiadherente a fuego medio hasta que esté dorado y crujiente. Reservar en un plato y dejar la sartén en el fuego.

Picar pequeño el tocino y poner en la sartén con 1 cucharada de aceite. Cuando esté crujiente, pelar y picar fino el ajo y las hojas de romero. Añadir a la sartén, cuando esté dorado, retirar la sartén del fuego y verter el vinagre balsámico y unas gotas de agua para hacer el aliño.

Poner las hojas de espinacas en un recipiente de servir. Picar fino el pimiento y mezclar con los geminados en otro bol junto con la mitad del pan y el aliño balsámico, verter encima de las espinacas. Espolvorear por encima el resto de pan crujiente, desmenuzar el queso feta y servir.

CALORÍAS	GRASAS	GRASAS SATURADAS	PROTEÍNAS	CARBO-HIDRATOS	AZÚCARES	FIBRA	15 MINUTOS
317 kcal	8.6 g	3.2 g	16.0 g	42.3 g	14.2 g	10.6 g	

FANTÁSTICA SOPA MEXICANA DE TOMATE, CHIPS DE CAMOTE, FETA Y TORTILLA

— El camote es un magnífico carbohidrato sin almidón, y además contiene más vitamina C que las papas, vitamina que nuestro cuerpo necesita y utiliza cada día —

PARA 2 PERSONAS

1 camote (250 g)

aceite de oliva

1 cucharadita de cilantro molido

2 tortillas pequeñas integrales

4 cebollines

1 chile rojo fresco

½ manojo de cilantro fresco (15 g)

750 g de tomates maduros

2 dientes de ajo

350 g de garbanzos de lata

30 g de queso feta

1 limón

Precalentar el horno a 200 °C. Lavar el camote, cortar una rodaja de 1 cm de un lado para que se aguante sobre la superficie plana, cortar longitudinalmente en rodajas de 1 cm, y luego en chips de 1 cm. Mezclar con 1 cucharadita de aceite y el cilantro molido, sazonar ligeramente con sal marina y pimienta negra. Asar de 30 a 35 minutos, o hasta que el camote esté tierno y caramelizado por los bordes. Poner las tortillas en el horno los últimos 5 minutos para que queden crujientes.

Mientras, limpiar los cebollines y laminarlos finos con el chile (sin semillas si se desea) y los tallos de cilantro. Retirar el corazón de los tomates y cortar en cuatro. Poner la mitad de la parte blanca de los cebollines, la mitad del chile y las hojas de cilantro en un platito, poner el resto en una cacerola grande a fuego medio alto con 2 cucharaditas de aceite. Añadir el ajo machacado, sofreír 2 minutos, incorporar los tomates. Agregar los garbanzos con su jugo, cubrir con 600 ml de agua hirviendo y tapar. Cocer a fuego lento 20 minutos, sazonar al gusto. Aplastar los tomates, mantener caliente a fuego mínimo hasta que los chips de camote estén hechos.

Para servir, desmenuzar las tortillas crujientes dentro de la sopa, añadir los chips de camote y la mitad de hojas de cilantro, mezclarlo todo. Las tortillas se empaparán con el delicioso caldo y tendrán una textura perfecta. Sazonar al gusto, rallar grueso el queso feta por encima, espolvorear los cebollines reservados y el chile y el resto de hojas de cilantro. Servir con gajos de limón.

CALORÍAS	GRASAS	GRASAS SATURADAS	PROTEÍNAS	CARBO- HIDRATOS	AZÚCARES	FIBRA	45 MINUTOS
596 kcal	15.6 g	4.8 g	24.4 g	91.0 g	23.3 g	20.3 g	

ESPAGUETIS CON TOMATE Y ACEITUNAS, MIGAS DE PAN CON AJO Y SARDINAS

— Las sardinas son ricas en proteínas y omega 3, y están llenas de vitaminas y minerales como el cloruro, que nos ayuda a digerir los alimentos de un modo supereficiente —

PARA 2 PERSONAS

4 tomates grandes maduros
de distintos colores

8 aceitunas negras (con hueso)

aceite de oliva extravirgen

½ limón real

150 g de espaguetis integrales

40 g de sardinas en aceite de lata

1 diente de ajo

hojuelas de chile rojo seco

1 rebanada de pan integral
con semillas

20 g de queso feta o ricotta

2 ramitas de albahaca fresca

Hacer un corte en la base de los tomates y sumergirlos en una olla con agua hirviendo durante 30 segundos, ponerlos en un plato y reservar la olla con el agua para la pasta. Deshuesar las aceitunas, cortar en cuatro y ponerlas en un recipiente grande con un colador encima. Cuando los tomates se hayan enfriado, pelarlos y cortarlos en cuatro. Retirarles el corazón y las semillas y poner dentro del colador. Apretar para que el jugo aliñe las aceitunas, desechar el contenido del colador. Cortar la pulpa de los tomates en trozos de 1 cm y mezclar con las aceitunas, 1 cucharada de aceite y el jugo de limón real. Probar, rectificar la sazón y reservar. Cocer la pasta en la olla con el agua con sal siguiendo las instrucciones del paquete.

Quitar las espinas de las sardinas; no hay que preocuparse por las pequeñas porque al triturarse no se van a notar. Poner las sardinas en un procesador junto con el ajo pelado y una buena pizca de hojuelas de chile. Añadir el pan desmenuzado y triturar hasta obtener migas finas, poner en una sartén sin grasa a fuego medio. Tostar las migas hasta que estén doradas, removiendo de vez en cuando.

Escurrir los espaguetis y añadirlos al recipiente del aliño. Repartir entre los platos, regar con un poco de aceite y esparcir por encima unas cuantas migas, servir el resto en un bol aparte para que cada comensal se añada a su gusto. Desmenuzar por encima el queso feta o la ricotta, poner las hojitas de albahaca y servir de inmediato.

CALORÍAS	GRASAS	GRASAS SATURADAS	PROTEÍNAS	CARBO- HIDRATOS	AZÚCARES	FIBRA	25 MINUTOS
449 kcal	14.5 g	3.5 g	19.7 g	64.3 g	9.0 g	9.6 g	

TORTAS ESCANDINAVAS FÁCILES, ARENQUES ENCURTIDOS Y HORTALIZAS MULTICOLORES

— Los proteicos arenques en conserva y las harinas de espelta y centeno, gran fuente de fibra, son una excelente reserva de alimentos con los que puedes preparar una comida rápida y fácil —

PARA 2 PERSONAS

1 sobre de 7 g de levadura

aceite de oliva

200 g de harinas mezcladas
  (a partes iguales de espelta,
  centeno, integral y salvado),
  y un poco más para espolvorear

1 cucharada de hojuelas de avena

½ cucharadita de semillas de
  hinojo

160 g de filetes de arenque
  encurtidos con su jugo

1 cebolla morada pequeña

un puñado de hortalizas crudas,
  como betabeles de colores,
  zanahorias, rábanos

4 ramitas de eneldo fresco

2 cucharadas de vinagre de vino
  blanco

2 cucharadas de yogur natural

1 barqueta de germinado
  de berros

pimienta de cayena

Precalentar el horno a 220 °C. Llenar una jarra con 130 ml de agua templada, añadir la levadura y 1 cucharada de aceite, mezclar bien con un tenedor y dejar reposar 5 minutos. Poner todas las harinas con una buena pizca de sal marina en un recipiente. Hacer un agujero en medio, verter la levadura y mezclar bien. Amasar en una superficie enharinada unos minutos hasta que la masa esté homogénea, poner de nuevo en el recipiente, tapar y dejar reposar 15 minutos.

Dividir la masa en dos bolas iguales. Cortar dos cuadrados grandes de papel de horno y espolvorear con harina, estirar encima una bola de masa entre los dos papeles hasta que tenga 25 cm de diámetro. Retirar el papel de encima y espolvorear por encima la mitad de las hojuelas de avena y de las semillas de hinojo, poner el papel de nuevo y pasar el rodillo para introducirlos en la masa. Retirar el papel de encima, poner la masa con la base de papel en una fuente de horno. Repetir la operación, hornear ambos panes durante 15 minutos, o hasta que estén dorados por los bordes y crujientes, dándoles la vuelta los últimos 2 minutos.

Para preparar el acompañamiento, escurrir 50 ml del jugo de los arenques en una fuente grande y llana. Pelar la cebolla morada y laminar muy fina con el resto de hortalizas, a ser posible con la mandolina (¡usa la protección!). Picar finamente el eneldo y cortar los filetes de arenque en trozos de 1 cm. Añadirlos a la fuente con el jugo y con el vinagre. Mezclar bien y dejar reposar unos minutos.

Servir las tortitas crujientes con los arenques encurtidos y las hortalizas (sin el resto del jugo de los encurtidos), poner las cucharadas de yogur, los berros germinados y pimienta de cayena para decorar.

CALORÍAS	GRASAS	GRASAS SATURADAS	PROTEÍNAS	CARBO-HIDRATOS	AZÚCARES	FIBRA	35 MINUTOS
595 kcal	20.8 g	4.4 g	32.2 g	75.0 g	11.4 g	19.9 g	

ENSALADAS PARA LLEVAR EN FRASCOS DE MERMELADA – PRIMERA PARTE

Estas coloridas comidas serán la envidia de la oficina. Prepara frascos con capas de carbohidratos, proteínas, verduras y algo de lácteos. Mantenlos en el refrigerador y mezcla antes de servir

AMBAS PARA 1 PERSONA

ENSALADA INGLESA

Poner **150 g de cebada perlada cocida** (75 g en crudo) en la base de un frasco de mermelada de 1 litro. Añadir **1 betabel crudo rallado grueso**. Rallar **1 manzana pequeña**, mezclar con **2 cucharadas colmadas de yogur natural descremado, 1 cucharada de aceite de oliva extravirgen** y **1 cucharadita colmada de rábano picante rallado de lata**, sazonar al gusto y poner encima del betabel. Acabar el frasco con **un puñado de berros** y otro de **espinacas baby**, unos **tomates cherry maduros, 100 g de ternera magra** asada, cortada muy fina, las hojas de **2 ramitas de estragón fresco** y **4 nueces trituradas**, tapar.

CALORÍAS	GRASAS	GRASAS SATURADAS	PROTEÍNAS	CARBO-HIDRATOS	AZÚCARES	FIBRA	20 MINUTOS
539 kcal	54.4 g	5.1 g	39.1 g	40.7 g	20.1 g	5.4 g	

ENSALADA ITALIANA

Poner **150 g de pasta integral cocida** (75 g en crudo) en la base de un frasco de mermelada de 1 litro. Cortar por la mitad y retirar las semillas de **2 tomates maduros grandes**, triturar en un procesador con **½ chile rojo fresco**, las hojas de **1 ramita de albahaca fresca**, el **jugo de ½ limón real** y **1 cucharada de aceite de oliva extravirgen**, sazonar al gusto y verter encima de la pasta. Acabar el frasco con **2 tomates maduros picados**, dos puñados de **arúgula, 75 g de atún en lata escurrido**, las hojas de **2 ramitas más de albahaca fresca** y **15 g de de parmesano demenuzado**. Acabar con **1 gajo de limón real** para exprimir por encima y tapar.

CALORÍAS	GRASAS	GRASAS SATURADAS	PROTEÍNAS	CARBO-HIDRATOS	AZÚCARES	FIBRA	20 MINUTOS
565 kcal	19.6 g	4.4 g	38.8 g	61.7 g	13.9 g	10.3 g	

ENSALADAS PARA LLEVAR EN FRASCOS DE MERMELADA – SEGUNDA PARTE

Una vez que tengas la idea, puedes hacer tus propias combinaciones con productos de temporada y cualquier sobrante de comida, y así mantener limpio el cajón de las verduras

AMBAS PARA 1 PERSONA

ENSALADA GRIEGA

Poner **150 g de bulgur cocido** (75 g en crudo) en la base de un frasco de mermelada de 1 litro, picar finas las hojas de **2 ramitas de eneldo fresco** y esparcir por encima. Mezclar **2 cucharadas colmadas de yogur natural descremado** con **1 cucharada de aceite de oliva extravirgen**, sazonar al gusto y poner encima del bulgur. Acabar el frasco con ½ **cogollo pequeño de lechuga** cortado en tiras, **4 aceitunas** (deshuesadas y cortadas en cuatro), **1 tomate maduro en rodajas**, 5 cm de pepino en rodajas, **100 g de pollo asado en tiras**, las hojas de **2 ramitas de perejil** picadas, **15 g de queso feta** y **1 cucharadita de semillas de ajonjolí tostadas**. Acabar con **1 gajo de limón real** para exprimir por encima y tapar.

CALORÍAS	GRASAS	GRASAS SATURADAS	PROTEÍNAS	CARBO- HIDRATOS	AZÚCARES	FIBRA	20 MINUTOS
413 kcal	20.3 g	4.9 g	31.9 g	25.9 g	8.6 g	4.8 g	

ENSALADA MARROQUÍ

Poner **150 g de cuscús integral cocido** (75 g en crudo) en la base de un frasco de mermelada de 1 litro. Añadir los granos de ½ **granada**. Mezclar **2 cucharadas colmadas de yogur natural descremado** con **1 cucharada de aceite de oliva extravirgen** y **1 cucharadita de limón real encurtido picado fino**, sazonar al gusto y poner encima del cuscús. Acabar el frasco con **5 cm de pepino en rodajas**, ¼ de lechuga en juliana, ½ **zanahoria rallada gruesa**, **1 naranja roja o de sangre pelada y en rodajas**, **60 g de garbanzos escurridos**, las hojas desmenuzadas de **2 ramitas de menta fresca** y **2 ramitas de cilantro fresco**, **15 g de queso feta**, **1 buena pizca de semillas de ajonjolí tostadas**, otra de pistaches picados y otra de semillas de comino, tapar.

CALORÍAS	GRASAS	GRASAS SATURADAS	PROTEÍNAS	CARBO- HIDRATOS	AZÚCARES	FIBRA	20 MINUTOS
598 kcal	20.1 g	4.6 g	22.0 g	86.3 g	24.7 g	14.1 g	

CARBONARA LIGERA, TOCINO, CHÍCHAROS, ALMENDRAS Y ALBAHACA

— Los humildes chícharos son una fuente de nueve micronutrientes distintos y especialmente ricos en tiamina, un tipo de vitamina B que ayuda a nuestro corazón a funcionar correctamente —

PARA 2 PERSONAS

200 g de chícharos frescos pelados o congelados

1 cucharada de almendras fileteadas

1 diente de ajo pequeño

½ manojo de albahaca fresca (15 g)

15 g de parmesano

1 limón real

150 g de espaguetis integrales

1 rebanada de tocino

aceite de oliva

1 huevo grande

100 g de yogur natural descremado

Poner una olla con agua con sal hirviendo en el fuego para cocer la pasta, poner los chícharos en un colador y sumergir en el agua hirviendo 30 segundos, reservar y dejar la olla en el fuego. Tostar ligeramente las almendras en una sartén antiadherente sin grasa a fuego medio, triturar finas. En el mismo procesador, poner el ajo pelado, una pizca de sal, las hojas de albahaca, el parmesano rallado y el jugo de limón real. Triturar hasta que se mezcle, añadir los chícharos y triturar para darle más textura.

Cocer la pasta en el agua con sal siguiendo las instrucciones del paquete. Mientras, cortar muy pequeño el tocino y freír en la sartén con 1 cucharadita de aceite a fuego medio bajo hasta que esté dorado y crujiente. Retirarlo con una espumadera para que toda la grasa quede en la sartén, dejar escurrir encima de papel de cocina. Calentar en la sartén tres cuartas partes de la mezcla de chícharos.

Batir bien el huevo con el yogur. Cuando la pasta esté hecha, escurrir reservando una taza del agua de cocción, y añadir a la sartén con los chícharos, mezclar bien, retirar la sartén del fuego (esto es muy importante, de lo contrario el huevo se cuajará al añadirlo, y no queremos eso). Verter la mezcla de huevo y mezclar hasta que se reparta uniformemente y la pasta esté sedosa y cremosa, desleír con un poco de agua de cocción si fuera necesario. Probar y sazonar al gusto, servir con el resto de la mezcla de chícharos y el tocino crujiente por encima. Podría parecer insípido, pero es extraordinariamente ligero y delicioso. ¡Buen provecho!

CALORÍAS	GRASAS	GRASAS SATURADAS	PROTEÍNAS	CARBO-HIDRATOS	AZÚCARES	FIBRA	20 MINUTOS
493 kcal	16.4 g	5.2 g	27.0 g	63.6 g	9.2 g	11.5 g	

CAMOTES ASADOS, FRIJOLES NEGROS CON SALSA DE TOMATE Y JALAPEÑO

Los frijoles negros de este plato repleto de sabor son una gran fuente de proteínas; de hecho, contienen más que cualquier otro tipo de alubias

PARA 2 PERSONAS

2 camotes de 200 g cada uno

100 g de arroz integral

250 g de tomates maduros de varios colores

2 cebollines

200 g de jalapeños de lata

½ manojo de cilantro fresco (15 g)

1 cebolla morada

aceite de oliva

1 cucharadita rasa de semillas de comino

400 g de frijoles negros de lata

2 cucharadas colmadas de requesón

Precalentar el horno a 180 °C. Lavar los camotes, sazonar y asar 1 hora, o hasta que estén cocidos. Al cabo de 30 minutos, cocer el arroz siguiendo las instrucciones del paquete, escurrir. Picar los tomates, limpiar y cortar finos los cebollines y ponerlo todo en un bol. Poner los jalapeños con su jugo en un procesador con casi todo el cilantro, reservando las hojas más bonitas. Triturar hasta que esté liso y homogéneo, poner 2 cucharadas para aliñar los tomates y los cebollines, y guardar el resto del aliño en un frasco en el refrigerador para otros usos.

Pelar y picar fina la cebolla. Poner una sartén a fuego medio con 1 cucharadita de aceite y las semillas de comino. Freír 30 segundos, añadir la cebolla y un chorrito de agua. Rehogar removiendo 8 minutos, o hasta que esté blanda, añadir los frijoles y su jugo. Reducir el fuego y cocer 5 minutos más hasta que se espese y esté cremoso, removiendo de vez en cuando. Probar y sazonar al gusto, diluir con un poco de agua hirviendo antes de servir, si fuera necesario.

Repartir los frijoles, el arroz y la salsa de tomate entre los platos. Abrir los camotes y añadir uno en cada plato. Poner encima la cucharada de requesón, sazonar con pimienta negra y acabar con las hojas reservadas de cilantro.

CALORÍAS	GRASAS	GRASAS SATURADAS	PROTEÍNAS	CARBO-HIDRATOS	AZÚCARES	FIBRA	1 HORA
600 kcal	6.8 g	1.7 g	23.4 g	109.5 g	20.8 g	28.6 g	

BETABEL CON SARDINAS, RÁBANO PICANTE, YOGUR Y PAN DE CENTENO

— Las sardinas son ricas en ácidos grasos omega-3, que nos ayudan a mantener el colesterol a raya y beneficiaan a nuestro corazón, así como en vitamina D y calcio, para tener los huesos sanos —

PARA 2 PERSONAS

300 g de betabeles pequeños crudos de varios colores

1 cucharada de vinagre balsámico

2 cucharaditas de rábano picante de lata, rallado

4 cucharadas colmadas de yogur natural descremado

8 filetes frescos de sardinas sin escamas y con piel

aceite de oliva extravirgen

1 limón real

4 ramitas de eneldo fresco

4 rebanadas pequeñas de pan de centeno con semillas

Limpiar y reservar las hojas de betabel más bonitas, limpiar con un cepillo los betabeles. Cocer en una olla con agua unos 35 minutos, o hasta que estén tiernos, según su tamaño. Poner las hojas de betabel reservadas en un colador y cocerlas al vapor encima de la olla los últimos dos minutos (se puede usar betabel ya cocido al vacío para ahorrarnos este paso, y pasar directamente a triturarlas). Escurrir los betabeles, reservar un poco de agua de cocción, poner la mitad (mejor las moradas) en una batidora con el vinagre y el rábano picante. Triturar hasta que esté homogéneo, diluir con un poco de agua de cocción si fuera necesario, probar y sazonar al gusto. Repartir el yogur entre dos platos, extenderlo y mezclar con el betabel triturado haciendo vetas, como marmoleado, ¡sé creativo!

Poner una sartén antiadherente sin grasa a fuego medio y añadir los filetes de sardina, con la piel hacia abajo. Cocer solo 4 minutos, para obtener una piel supercrujiente y una carne jugosa, ¡no les des la vuelta!

Mientras, cortar el resto de betabeles en cuartos y mezclar con 1 cucharadita de aceite, un poco de jugo de limón real y las hojas al vapor. Repartir entre los platos, con las sardinas crujientes. Separar las hojas de eneldo y esparcir por encima, servir con pan de centeno y un gajo de limón real a un lado para exprimir por encima. Me gusta de las dos formas, pero el pan de centeno tostado le da un sabor incluso mejor, más a frutos secos.

CALORÍAS	GRASAS	GRASAS SATURADAS	PROTEÍNAS	CARBO-HIDRATOS	AZÚCARES	FIBRA	45 MINUTOS
543 kcal	21.4 g	6.0 g	51.8 g	35.7 g	17.8 g	7.4 g	

SOPA SUPERVERDE CON GARBANZOS, VERDURA Y CHORIZO AHUMADO

— Al hervir la col rizada, tan rica en nutrientes, los polifenoles antioxidantes pasan al agua, por lo que utilizarla para esta sopa aporta beneficios adicionales —

PARA 4 PERSONAS

1 cebolla

2 dientes de ajo

aceite de oliva

500 g de papas

400 g de garbanzos de lata

1 ramita de romero fresco

2 ramitas de tomillo fresco

1 hoja de laurel fresco

1 litro de buen caldo de pollo

150 g de col kale o de col rizada

80 g de chorizo de calidad

Pelar la cebolla y el ajo y cortarlos finos; poner en una cacerola a fuego medio 1 cucharada de aceite y un chorrito de agua. Rehogar unos 10 minutos, o hasta que estén blandos, removiendo de vez en cuando.

Mientras, cortar las papas en dados de 2 cm (dejarlas con piel para tener más nutrientes y fibra). Escurrir los garbanzos. Atar juntos el romero, el tomillo y el laurel, poner en la cacerola junto con las papas y los garbanzos. Cubrir con el caldo, llevar a ebullición, cocer a fuego lento 30 minutos o hasta que las papas estén cocidas.

Quitar los tallos de la col y picarla gruesa. Retirar el manojo de hierbas de la cazuela, añadir la verdura y dejar 10 minutos. Cortar el chorizo en rodajas delgadas y freír en una sartén a fuego medio hasta que se dore, añadir a la sopa con un poco de la grasa picante. La col kale tiende a absorber mucho caldo, si es necesario verter un poco de agua hirviendo justo antes de servir.

CALORÍAS	GRASAS	GRASAS SATURADAS	PROTEÍNAS	CARBO-HIDRATOS	AZÚCARES	FIBRA	50 MINUTOS
356 kcal	11.9 g	3.1 g	21.0 g	42.6 g	4.9 g	8.3 g	

ENSALADA DE HIERBAS Y PASTA, RÁBANOS, MANZANA, FETA Y BRESAOLA

— Lo mejor de este plato sencillo es que sus maravillosas verduras nos aportan grandes beneficios, así como una gran dosis de vitamina C, mayor que nuestras necesidades diarias —

PARA 4 PERSONAS

300 g de fregola o cuscús grueso integral

1 limón real

1 naranja

aceite de oliva extravirgen

4 cebollines

4 espárragos

2 ramas de apio

1 calabacita

1 pimiento rojo

1 chile rojo fresco

2 cucharadas de tomates secos

1 manojo de menta fresca (30 g)

1 manzana

un puñado de rábanos

120 g de bresaola cortada fina

30 g de queso feta

1 granada

Cocer la fregola o el cuscús siguiendo las instrucciones del paquete; escurrir. Exprimir el jugo del limón real y de naranja en un recipiente grande y mezclar con 2 cucharadas de aceite. Limpiar y laminar finos los cebollines y mezclar con el aliño. Limpiar los espárragos, el apio y la calabacita, quitar las semillas del pimiento, cortarlo todo a mano en dados con el chile y los tomates secos (creo que es útil tomarse el tiempo para hacer estas tareas, porque mejora la habilidad con el cuchillo y es muy gratificante).

Picar las hojas de menta, añadir al aliño junto con las verduras picadas y la fregola o el cuscús escurrido. Mezclar bien, probar y sazonar al gusto. Laminar muy finos la manzana y los rábanos con una mandolina (¡usa la protección!). Disponer la ensalada de pasta en los platos, colocando las láminas de manzana, rábanos y bresaola alrededor del plato. Desmenuzar el queso feta por encima, cortar la granada por la mitad, sujetar una mitad con la mano boca abajo sobre el recipiente y golpearla con una cuchara para hacer caer los granos en la ensalada.

CALORÍAS	GRASAS	GRASAS SATURADAS	PROTEÍNAS	CARBO-HIDRATOS	AZÚCARES	FIBRA	30 MINUTOS
474 kcal	14.5 g	3.0 g	21.7 g	67.3 g	15.6 g	5.5 g	

TRUCHA AHUMADA, LENTEJAS VERDES, SALSA DE TOMATE FRESCO

— La trucha ahumada es deliciosa y siempre mejora el conjunto. Es muy baja en grasas saturadas y una buena fuente de proteínas; por ello ayuda a nuestros músculos a crecer y repararse —

PARA 2 PERSONAS

dos puñados grandes de verduras de hoja verde de temporada, como acelgas, espinacas, col kale

150 g de lentejas verdes

aceite de oliva extravirgen

vinagre de vino tinto

salsa tabasco

2 truchas ahumadas enteras de 350 g o 200 g de filetes de trucha ahumada sin piel

1 cucharadita de rábano picante rallado de lata

1 cucharada de yogur natural

100 g de tomates cherry maduros

Precalentar el horno a 100 °C. Quitar todos los tallos duros de las verduras. Cocer las lentejas siguiendo las instrucciones del paquete, poner las verduras en un colador y cocerlas al vapor encima de la olla los últimos 5 minutos. Picar la verdura finamente en una tabla de cortar. Escurrir las lentejas, mezclar con las verduras y aliñar con 1 cucharada de aceite, 1 de vinagre y unas gotas de tabasco; sazonar al gusto. Se puede servir caliente o a temperatura ambiente, que es lo que yo prefiero. Repartir entre los platos cuando el pescado esté listo para servir.

Poner las truchas en una fuente de horno y hornearlas 15 minutos, un poco menos si son filetes. Mientras, mezclar el rábano picante con el yogur, repartir por encima de las lentejas. Poner los tomates cherry en una batidora, verter un chorrito de vinagre y triturar hasta que esté homogéneo, sazonar al gusto y disponer encima del yogur. Servir con la trucha. Mejor aún con pan integral tierno para completar esta comida equilibrada.

CALORÍAS	GRASAS	GRASAS SATURADAS	PROTEÍNAS	CARBO-HIDRATOS	AZÚCARES	FIBRA	35 MINUTOS
274 kcal	12.1 g	2.4 g	27.5 g	13.3 g	3.9 g	6.1 g	

SABROSA TORTILLA VEGETARIANA CON SALSA DE TOMATE CRUDO Y CHILE

Los huevos son la mejor fuente de proteínas: comer dos nos aporta más vitamina B12 de la que necesitamos en un día, lo que ayuda a producir glóbulos rojos

PARA 2 PERSONAS

150 g de papas

aceite de oliva

1 cebolla morada

1 pimiento rojo

1 pimiento amarillo

4 huevos grandes

un puñado de chícharos congelados

2 tomates maduros grandes

½–1 chile pasilla fresco

1 limón real

dos puñados de arúgula

15 g de parmesano

salsa de tabasco de chipotle (opcional)

Lavar las papas y cortar en dados de 1 cm, poner en una sartén antiadherente de 25 cm a fuego medio con 1 cucharada de aceite y un chorro de agua; mezclar bien. Pelar la cebolla, retirar las semillas de los pimientos, cortarlo todo en dados de 1 cm y añadir a la sartén. Cocer 15 minutos a fuego medio bajo, o hasta que las verduras estén blandas y un poco doradas, añadiendo un poco de agua si fuera necesario y removiendo de vez en cuando. Mientras, batir los huevos con una pizca de sal marina y pimienta negra durante 2 minutos hasta que estén esponjosos.

Agregar los chícharos a la sartén y verter los huevos. Mezclarlo todo con una espátula de goma y empezar a cocer los huevos, aplanar la tortilla, poner una tapadera y dejar 5 minutos más hasta que se haya cuajado la superficie y esté dorada por debajo. Mientras se hace la tortilla, cortar los tomates por la mitad y retirar el corazón, quitar las semillas del chile, ponerlo todo en un procesador con la mitad del jugo de limón real y triturar hasta que esté homogéneo, probar y sazonar al gusto.

Con la espátula de goma, separar los bordes de la tortilla de la sartén. Poner un plato grande o una tabla encima de la sartén y, con un movimiento rápido, darle la vuelta sobre el plato o la tabla. Mezclar la arúgula con el resto de jugo de limón real, apilar en el centro y rallar por encima el parmesano. Servir la tortilla caliente con la salsa y, si gustas, con salsa tabasco de chipotle.

CALORÍAS	GRASAS	GRASAS SATURADAS	PROTEÍNAS	CARBO-HIDRATOS	AZÚCARES	FIBRA	40 MINUTOS
406 kcal	22.3 g	5.5 g	22.9 g	31.3 g	15.7 g	6.5 g	

SOPA DE CALABAZA, PAN DE PITA CON ENSALADA Y GARBANZOS

— Te encantará la calabaza moscada, es un todo terreno en cuanto a nutrientes se refiere; entre otros, tiene un alto contenido de vitamina A, que mantiene la piel sana y mejora la vista —

PARA 6 PERSONAS

1 calabaza moscada grande (1.5 kg)

½ manojo de tomillo fresco (15 g)

2 cucharaditas colmadas de harissa

aceite de oliva

2 cebollas

1 chile pasilla fresco

3 naranjas

2 litros de caldo de verduras de calidad

650 g de garbanzos de lata, de calidad

1 cebolla morada grande

vinagre de vino tinto

aceite de oliva extravirgen

1 manojo grande de perejil fresco (60 g)

3 cucharadas de almendras enteras

6 panes de pita integrales pequeños

80 g de queso feta

Precalentar el horno a 180 °C. Cortar la calabaza por la mitad a lo largo, retirar las semillas y cortar en trozos de 2 cm. Poner en una fuente de horno, deshojar por encima el tomillo y mezclar con la mitad de harissa y 1 cucharadita de aceite de oliva. Asar 1 hora, o hasta que esté dorada y cocida.

Mientras se asa la calabaza, pelar y cortar las cebollas y cortar el chile (sin semillas si se desea). Rehogar a fuego muy suave en una cacerola con 1 cucharadita de aceite de oliva y un chorrito de agua, removiendo de vez en cuando y añadiendo más agua si fuera necesario. Cuando la calabaza esté asada, añadir a la sartén, poner la ralladura fina de 1 naranja, cubrir con el caldo, llevar a ebullición y cocer a fuego lento 15 minutos. Triturar con una batidora de brazo hasta que esté homogéneo, añadiendo un poco de agua si fuera necesario, probar y rectificar la sazón.

Mientras, escurrir los garbanzos y mezclar con el resto de harissa en una sartén grande antiadherente a fuego alto. Saltear hasta que estén crujientes y a punto de pegarse, retirar. Pelar la cebolla morada y laminarla muy fina, mejor con una mandolina (¡usa la protección!). Ponerla en un recipiente, pelar las naranjas y retirar los gajos, añadirlos al recipiente junto con todo su jugo. Agregar 1 cucharada de vinagre y 1 de aceite de oliva extravirgen y las hojas de perejil, mezclarlo todo y sazonar.

Poner la sartén de nuevo al fuego y tostar las almendras, picarlas finas mientras se tuestan los panes de pita. Doblarlos por la mitad, rellenar con la ensalada y los garbanzos, desmenuzar el queso feta, enrollar y apretar. Repartir la sopa entre los razones y esparcir por encima las almendras.

CALORÍAS	GRASAS	GRASAS SATURADAS	PROTEÍNAS	CARBO-HIDRATOS	AZÚCARES	FIBRA	1 HORA 20 MINUTOS
414 kcal	11.0 g	1.5 g	16.9 g	63.0 g	17.0 g	13.2 g	

ATÚN CON CUSCÚS SICILIANO Y VERDURAS

— Me encanta comer atún fresco de pesca sostenible de vez en cuando, pues es fácil de cocinar y rico en selenio, que ayuda a mantener las uñas y el pelo superfuertes y sanos —

PARA 2 PERSONAS

4 tomates maduros de varios colores

1½–2 chiles rojos frescos

2 ramitas de albahaca fresca

2 limones reales

150 g de cuscús integral

2 dientes de ajo

1 trozo de atún de 225 g

1 nuez moscada para rallar

1 cucharadita de orégano seco

aceite de oliva

1 cucharadita de alcaparras pequeñas

4 cebollines

1 manojo de espárragos (300 g)

1 manojo grande de acelgas

30 g de queso feta

Una técnica muy guay para hacer un sabroso cuscús es ponerlo en remojo en un líquido frío en lugar de calentarlo. Simplemente cortar los tomates en cuatro, quitar las semillas de 1 chile, y poner en un procesador con las hojas de albahaca, la ralladura y el jugo de 1 limón real, una pizca de sal marina y de pimienta negra, y 150 ml de agua fría. Triturar hasta que esté homogéneo, verter la mezcla en un recipiente, agregar el cuscús, tapar y reservar 1 hora para que se esponje.

Cuando el cuscús haya absorbido todo el líquido, probar y sazonar al gusto. Pelar los ajos y laminar fino junto con el resto del chile. Sazonar el atún con pimienta y un poco de nuez moscada rallada, rebozar con el orégano y 1 cucharadita de aceite. Marcar en una sartén antiadherente a fuego alto 1 o 2 minutos por cada lado, añadiendo el chile, el ajo y las alcaparras al darle la vuelta, removiendo con cuidado para que todo quede dorado.

Disponerlo todo sobre una tabla y poner de nuevo la sartén a fuego medio. Limpiar los cebollines y los espárragos, cortar longitudinalmente, partir por la mitad las acelgas y ponerlo todo en la sartén caliente con un chorro de agua. Tapar y cocer al vapor 4 minutos, hasta que estén al dente. Ahuecar el cuscús, desmenuzar por encima el queso feta, disponer las verduras arriba, cortar el atún y servir con gajos de limón real para exprimir por encima.

CALORÍAS	GRASAS	GRASAS SATURADAS	PROTEÍNAS	CARBO-HIDRATOS	AZÚCARES	FIBRA	15 MINUTOS MÁS EL REPOSO
543 kcal	13.0 g	4.5 g	45.2 g	64.7 g	10.4 g	10.3 g	

SALUDABLE CLUB SÁNDWICH DE POLLO, TOMATE, LECHUGA, PERA Y ESTRAGÓN

— El pollo, con poca grasa, es una fuente de proteínas rebosante de vitaminas B y minerales como el fósforo, que, junto con el calcio, constituye la base de nuestros huesos y dientes —

PARA 2 PERSONAS

1 trozo de pepino de 3 cm

1 pera madura pequeña

2 cebollines

½ cogollo pequeño de lechuga

2 ramitas de estragón fresco

2 cucharadas de yogur natural

1 cucharadita de mostaza inglesa

1 cucharada de vinagre de sidra

pimienta de cayena

150 g de sobras de pechuga de
    pollo asada sin piel

2 rebanadas muy gruesas de pan
    integral

1 tomate corazón de buey maduro

dos puñados pequeños de berros

½ limón real

Cortar el pepino por la mitad y quitar el corazón acuoso, rallar grueso el pepino y la pera. Estrujarlos entre las manos para quitar el exceso de jugo, poner en un recipiente. Limpiar y cortar pequeños los cebollines, cortar en tiras la lechuga, picar pequeñas las hojas de estragón (también se puede usar menta o albahaca), poner también en el recipiente con el yogur, la mostaza y el vinagre. Mezclar bien, probar y sazonar al gusto, con pimienta de cayena si se quiere un poco picante. Cortar el pollo.

Tostar el pan en una sartén sin grasa hasta que se dore por ambos lados, poniendo un peso encima lograremos que se tueste uniformemente y tendremos un delicioso contraste entre el exterior crujiente y el interior tierno. A mí me gusta hacerlo con dos rebanadas supergruesas y, una vez tostadas, con el cuchillo del pan cortarlas por la mitad horizontalmente, pero puedes usar cuatro rebanadas delgadas, si lo prefieres.

Cortar el tomate en rodajas delgadas y repartir entre dos tostadas. Poner un poco de sal marina, luego un poco de ensalada aliñada. Añadir el pollo y el resto de ensalada, mezclar los berros con jugo de limón real y ponerlos encima, tapar con la otra tostada. Pinchar encima una brocheta con pepinillos, rábanos, tomates cherry, lo que tengas a mano, para sujetar bien el sándwich.

CALORÍAS	GRASAS	GRASAS SATURADAS	PROTEÍNAS	CARBO-HIDRATOS	AZÚCARES	FIBRA	20 MINUTOS
271 kcal	4.8 g	1.4 g	24.6 g	34.2 g	14.2 g	6.8 g	

KEBABS DE POLLO Y PAN DE AJO, NARANJA ROJA, ESPINACAS Y FETA

El color vivo de las naranjas rojas, repletas de vitamina C, proviene de la antocianina, un antioxidante que ayuda a prevenir muchas enfermedades degenerativas

PARA 2 PERSONAS

2 ramitas de romero fresco

2 dientes de ajo

aceite de oliva extravirgen

1 cucharada de vinagre de vino blanco

pimienta de cayena

2 pechugas de pollo sin piel de 120 g cada una

2 rebanadas gruesas de pan integral

8 hojas de laurel fresco

2 naranjas rojas o de sangre (si no es la temporada, usar naranjas normales)

100 g de espinacas baby

1 limón real

1 cucharada de vinagre balsámico

20 g de queso feta

Separar las hojitas de romero y machacarlas en un molcajete con una pizca de sal marina. Pelar el ajo y machacarlo, añadir 1 cucharada de aceite, el vinagre y una buena pizca de pimienta de cayena. Cortar el pollo y el pan en trozos de 2 cm, ponerlos en un recipiente y mezclar con la marinada hasta que estén bien cubiertos.

Ensartar con cuidado los trozos de pollo y de pan, intercalándolos con las hojas de laurel, en cuatro brochetas cortas; pueden ser tallos de romero, brochetas de madera o de metal. Por supuesto, hay que comprobar que las brochetas quepan en una sartén antiadherente.

Poner la sartén a fuego medio alto. Disponer las brochetas dentro y saltear 4 o 5 minutos por cada lado, o hasta que estén hechas y doradas. Me gusta poner una tapadera con un peso encima para que el pollo esté más en contacto con la sartén y quede supercrujiente.

Mientras, limpiar y pelar las naranjas rojas, cortarlas en rodajas. Aliñar las espinacas con jugo de limón real y un chorrito de aceite, colocarlas en el plato con las naranjas y regar con el vinagre balsámico. Poner los kebabs encima, desmenuzar el queso feta y servir con gajos de limón real.

CALORÍAS	GRASAS	GRASAS SATURADAS	PROTEÍNAS	CARBO-HIDRATOS	AZÚCARES	FIBRA	30 MINUTOS
444 kcal	12.8 g	3.3 g	39.2 g	45.0 g	22.3 g	8.2 g	

ESPAGUETIS INTEGRALES
CON BRÓCOLI, CHILE Y LIMÓN REAL

El brócoli es una maravillosa fuente de vitamina C, que necesitamos para muchísimas cosas, como mantener nuestro sistema inmunológico en óptimas condiciones para combatir las enfermedades

PARA 2 PERSONAS

150 g de espaguetis integrales

2 dientes de ajo

aceite de oliva

1 limón real

una pizca de hojuelas de chile
   seco

4 filetes de anchoa en aceite

200 g de ramitos de brócoli

2 cucharadas colmadas
   de requesón

Cocer los espaguetis en una olla con agua con sal siguiendo las instrucciones del paquete. Mientras, pelar y cortar pequeños los ajos, ponerlos en una sartén antiadherente grande a fuego medio con 2 cucharadas de aceite. Rallar fina la cáscara de ½ limón real y añadirla con las hojuelas de chile y las anchoas. Rehogar un par de minutos, mientras tanto limpiar el brócoli y cortar los ramitos más grandes por la mitad a lo largo. Añadirlos a la sartén con una cucharada de agua de cocción de la pasta, tapar y dejar cocer al vapor 5 minutos, o hasta que estén tiernos.

Con unas pinzas, coger los espaguetis y ponerlos en la sartén, mezclarlo todo junto con el requesón. Exprimir ½ limón real, diluir con un poco más de agua de cocción si fuera necesario y repartir entre los platos. Acabar con un poco de ralladura de limón real y de pimienta negra.

CALORÍAS	GRASAS	GRASAS SATURADAS	PROTEÍNAS	CARBO-HIDRATOS	AZÚCARES	FIBRA	15 MINUTOS
438 kcal	17.9 g	3.2 g	17.9 g	54.9 g	5.7 g	10.1 g	

GAZPACHO MEXICANO
CON TORTILLAS Y GUARNICIONES

Este plato superrefrescante aporta nada más y nada menos que 4 de nuestras 5 raciones de verdura diarias; su alto contenido en agua ayuda a hidratarnos, algo que nos beneficia a todos

PARA 2 PERSONAS

1 huevo grande

1 elote

2 ramas de apio

200 g de sandía

½ pepino

200 g de tomates maduros

2 cebollines

½ manojo de cilantro fresco (15 g)

½ diente de ajo

120 g de pimientos rojos asados y pelados en salmuera

1 cucharada de jalapeños encurtidos con su jugo

2 limones

1 tortilla integral grande

un puñado de cubitos de hielo

Para hacer la guarnición, cocer el huevo en un cazo con agua salada durante 8 minutos, escurrir y pelar bajo chorro de agua. En una plancha caliente, asar el elote, dándole vueltas hasta que esté dorado de manera uniforme.

Mientras, limpiar el apio (reservar las hojas blancas) y pelar la sandía; cortarlo todo junto con el pepino y los tomates y poner en una batidora. Añadir la parte verde de los cebollines y casi todo el cilantro (reservar algunas hojas). Pelar y agregar el ajo, los pimientos y los jalapeños con 1 cucharada de su jugo. Rallar la cáscara de los limones, exprimir su jugo, añadirlo y reservar mientras se acaba de preparar la guarnición.

Limpiar y cortar pequeña la parte blanca de los cebollines, poner en un plato con las hojas de apio y de cilantro reservadas. Cortar el huevo en rodajas (mejor con un rebanador de huevos clásico) y separar los granos de maíz. Tostar la tortilla y romperla. Añadirlo todo al plato de guarniciones.

Triturar el gazpacho hasta que esté suave y homogéneo, sazonar al gusto. Añadir los cubitos de hielo y triturar de nuevo, repartir entre los tazones, platos o copas. Servir con el plato de guarniciones para que cada comensal se sirva a su gusto.

CALORÍAS	GRASAS	GRASAS SATURADAS	PROTEÍNAS	CARBO-HIDRATOS	AZÚCARES	FIBRA	20 MINUTOS
252 kcal	6.5 g	1.8 g	11.5 g	37.0 g	14.8 g	6.8 g	

SUPERENSALADA DE VERANO CON SANDÍA, RÁBANOS, QUINOA Y FETA

— La quinoa es una semilla fantástica llena de vitaminas, minerales esenciales y proteínas. —
Esta refrescante ensalada nos aporta 4 de nuestras 5 raciones de fruta y verdura diarias

PARA 4 PERSONAS

250 g de quinoa blanca, roja
o negra

4 cebollines

120 g de pimientos rojos asados
y pelados en salmuera

1 rebanada de pan integral

1 cucharada de salsa tabasco
de chipotle

aceite de oliva extravirgen

1 naranja grande

40 g de avellanas blanqueadas

1 cebolla morada pequeña

100 g de rábanos

1 chile rojo fresco

2 limones

½ manojo de menta fresca (15 g)

2 endivias rojas o verdes
pequeñas

750 g de sandía

80 g de queso feta

Cocer la quinoa según las instrucciones del paquete, sacarla del fuego 2 minutos antes para que tenga una buena textura cuando se vaya a usar más tarde. Mientras se cuece, cortar la parte verde de los cebollines y poner en una batidora con los pimientos, el pan, la salsa tabasco, 1 cucharada de aceite y el jugo de naranja. Triturar hasta obtener un aliño suave y homogéneo, sazonar al gusto. Cuando la quinoa esté lista, escurrir y, todavía caliente, mezclar con el aliño. Tostar las avellanas en una sartén sin grasa, removiendo unos 4 minutos, o hasta que se doren, machacarlas en un molcajete y mezclar con la quinoa en un tazón grande o en una fuente de servir.

Pelar la cebolla, cortar en finas láminas, igual que los rábanos y el chile, de ser posible con la mandolina (¡usa la protección!). Rallar fina la cáscara de los limones y ponerla por encima junto con su jugo, mezclar con las manos. Romper por encima las hojas de menta, reservando las hojitas pequeñas para decorar.

Limpiar y cortar finas las endivias y la parte blanca de los cebollines, esparcir sobre la quinoa. Pelar y cortar fina la sandía y disponer encima de la ensalada. Esparcir por arriba las verduras aliñadas con el limón y la menta reservada, rallar el queso feta. Se puede servir tal cual o mezclarlo todo antes de comerlo. Esta ensalada también es deliciosa acompañada con algún embutido, como jamón.

CALORÍAS	GRASAS	GRASAS SATURADAS	PROTEÍNAS	CARBO-HIDRATOS	AZÚCARES	FIBRA	40 MINUTOS
474 kcal	19.9 g	4.6 g	16.7 g	61.7 g	24.1 g	3.4 g	

ENSALADA ASIÁTICA VERDE CON TOFU, TALLARINES Y AJONJOLÍ

— Es una delicia comer tofu, un alimento suave y un maravilloso potenciador de sabores, además de que contiene una gran cantidad de proteínas y calcio —

PARA 2 PERSONAS

1 manojo de espárragos (300 g)

½ brócoli

100 g de chícharos mollares

200 g de tofu suave

150 g de tallarines integrales de arroz

1 trozo de jengibre de 2 cm

1 diente de ajo

2 limones

2 cucharadas de salsa de soya baja en sal

2 cucharadas de aceite de ajonjolí

1 cucharada de vinagre balsámico

1 hoja de nori

1 cucharada colmada de semillas de ajonjolí

1 cucharadita de hojuelas de chile rojo seco

Colocar una vaporera de bambú de dos pisos encima de una olla con agua con sal hirviendo. Cortar las partes duras de los espárragos, cortar por la mitad al bies. Cortar el brócoli en ramitos, pelado el tallo. Poner los espárragos y el brócoli con los tirabeques en la parte superior de la vaporera. Cortar el tofu en trozos del tamaño de un bocado y ponerlos en la parte de abajo de la vaporera. Verter los tallarines en el agua hirviendo de debajo de la vaporera. Hervir y cocer al vapor 4 minutos, o hasta que las verduras estén al dente, verdes y firmes.

Mientras, pelar el jengibre y el ajo y rallarlos en un bol, añadir la ralladura y el jugo de 1 limón. Mezclar con la soya, el aceite de ajonjolí y el vinagre para elaborar el aliño. Para el acabado, romper la hoja de nori y triturarla con una pizca de sal marina y de pimienta negra hasta que esté fina. Tostar las semillas de ajonjolí y las hojuelas de chile en una sartén sin grasa hasta que se doren ligeramente, triturar junto con el alga nori.

Escurrir los tallarines, reservando un poco de agua, y mezclar con las verduras, el tofu y el aliño, desleír con un poco de agua de cocción si fuera necesario. Espolvorear por encima un poco de la mezcla de nori y ajonjolí, reservando el resto para otra ocasión, y servir con gajos de limón para exprimir por encima, si se desea.

CALORÍAS	GRASAS	GRASAS SATURADAS	PROTEÍNAS	CARBO-HIDRATOS	AZÚCARES	FIBRA	15 MINUTOS
459 kcal	22.4 g	3.9 g	22.5 g	41.4 g	11.8 g	7.7 g	

POLLO CON CÚRCUMA, HUMMUS, PIMIENTOS, CUSCÚS Y VERDURAS

— La cúrcuma es muy rica en hierro, que ayuda a que la sangre transporte oxígeno eficazmente y nos hace sentir menos cansados, así como el manganeso, que mantiene los huesos fuertes y sanos —

PARA 2 PERSONAS

2 ramitas de orégano fresco

1 cucharadita rasa de cúrcuma en polvo

aceite de oliva

2 pechugas de pollo sin piel de 120 g cada una

200 g de verduras de hoja verde de temporada, como espinacas baby, acelgas

150 g de cuscús integral

½ manojo de menta fresca (15 g)

1 limón real

1 cucharada de avellanas blanqueadas

2 pimientos rojos grandes o 4 pequeños asados y pelados, en salmuera

¼ del hummus casero preparado (véase página 230) o 2 cucharadas de yogur natural

salsa picante (opcional)

Picar finamente las hojas de orégano, poner en un bol con la cúrcuma, una pizca de sal marina y de pimienta negra y 2 cucharadas de aceite para hacer una marinada. Poner el pollo dentro de la marinada y reservar.

Escaldar las verduras en una olla grande con agua hirviendo hasta que estén tiernas pero todavía bien verdes, escurrir reservando el agua. En un recipiente, cubrir el cuscús con el agua de hervir las verduras, sazonar, tapar con un plato y dejar reposar 10 minutos. Picar finamente las hojas de menta y mezclarlas con el cuscús hinchado y el jugo de ½ limón real, sazonar al gusto. Tostar las avellanas en una sartén antiadherente grande sin grasa a fuego medio alto hasta que estén ligeramente doradas, machacarlas en un molcajete. Poner de nuevo la sartén a fuego alto y saltear el pollo 4 minutos por cada lado, o hasta que esté hecho, añadiendo los pimientos al darle la vuelta. Recalentar las verduras si fuera necesario.

Mientras, puedes hacer hummus casero rápido (si haces toda la cantidad, guarda tres cuartas partes en el refrigerador para otra ocasión) o simplemente usar yogur, ambas opciones son deliciosas. Servir el pollo con el cuscús, los pimientos, las verduras y el hummus o el yogur, más las avellanas esparcidas y un gajo de limón real a un lado. También es fantástico con unas gotas de salsa picante.

CALORÍAS	GRASAS	GRASAS SATURADAS	PROTEÍNAS	CARBO-HIDRATOS	AZÚCARES	FIBRA	30 MINUTOS
579 kcal	20.6 g	3.2 g	41.4 g	58.5 g	4.2 g	7.6 g	

CEVICHE DE SALMÓN CON ENSALADA Y BOLAS DE ARROZ NEGRO

— El salmón es una fantástica fuente de vitamina D, que ayuda a mantener los huesos, dientes y músculos sanos. La luz del sol es su fuente natural, pero es sano recargarla a través de la comida —

PARA 2 PERSONAS

150 g de arroz negro

1 cebolla morada

2 limones reales grandes

1 limón

1 granada

1 diente de ajo

1 chile rojo fresco

½ pepino

½ aguacate maduro

un puñado de tomates maduros de distintos colores

½ manojo de cilantro fresco (15 g)

2 filetes de salmón muy fresco de 120 g cada uno, sin piel ni espinas

Cocer el arroz siguiendo las instrucciones del paquete, escurrir y dejar enfriar. Mientras, pelar y laminar muy fina la cebolla morada, de ser posible con la mandolina (¡usa la protección!). Poner en un recipiente grande con dos buenas pizcas de sal marina y el jugo de los limones reales y del limón (no te preocupes por la sal, el líquido es para marinar el pescado, no para beber). Cortar la granada por la mitad y exprimir el jugo de ½ granada a través de un colador en el recipiente. Sujetar la otra mitad con la mano boca abajo sobre el recipiente y golpearla con una cuchara para hacer caer los granos.

Pelar el ajo, laminar fino junto con el chile y añadir al recipiente. Pelar el pepino, cortar por la mitad longitudinalmente y, con una cucharilla, quitar el corazón acuoso, cortar en trozos de 2 cm y agregar al bol. Pelar y deshuesar el aguacate y cortar del mismo tamaño, junto con los tomates, casi todas las hojas de cilantro picadas y añadirlo todo al recipiente. Cortar el salmón en trozos de 1 cm x 2 cm y mezclarlo bien en el bol, asegurando de que todo queda sumergido en el líquido del ceviche. Dejar reposar 10 minutos para marinar el salmón.

Mientras, con una cuchara, mezclar y aplastar el arroz un par de minutos, hasta que se vuelva pegajoso. Con las manos húmedas y limpias, coger pequeñas cantidades de arroz y formar bolas. Escurrir casi todo el líquido del ceviche, esparcir por encima el resto de hojas de cilantro y servir de inmediato con las bolas de arroz.

CALORÍAS	GRASAS	GRASAS SATURADAS	PROTEÍNAS	CARBO-HIDRATOS	AZÚCARES	FIBRA	40 MINUTOS
452 kcal	24.2 g	4.6 g	30.5 g	27.1 g	9.7 g	7.2 g	

OMELETTE CRUJIENTE DE AJONJOLÍ Y TALLARINES CON VERDURAS ASIÁTICAS

— Un modo, delicioso, equilibrado y fácil de comer verduras. Los huevos son nuestra proteína preferida, y nos ayudan a sentirnos satisfechos hasta la hora de la cena —

PARA 1 PERSONA

75 g de tallarines integrales de arroz

dos puñados grandes de espárragos, minielotitos, zanahorias y soya germinada

1 trozo de jengibre de 3 cm

1 diente de ajo

½ chile rojo fresco

aceite de ajonjolí

1 cucharadita de semillas de ajonjolí

2 huevos grandes

1 cebollín

3 ramitas de cilantro fresco

1 limón

salsa de soya baja en sal

Cocer los tallarines siguiendo las instrucciones del paquete; escurrir. Quitar la parte dura de los espárragos y cortar los tallos, cortar por la mitad las puntas para facilitar la cocción. Cortar por la mitad los minielotitos a lo largo y cortar la zanahoria en bastoncitos. Pelar y picar finos el ajo y el jengibre, laminar finamente el chile (sin semillas si se desea), y poner en una sartén antiadherente de 30 cm a fuego medio alto con 1 cucharadita de aceite de ajonjolí. Remover durante 1 minuto, añadir los espárragos, los elotitos, la zanahoria, la soya germinada y una pizca de semillas de ajonjolí. Rehogar durante 5 minutos, disponer en un plato y poner de nuevo la sartén en el fuego.

Verter 1 cucharadita de aceite de ajonjolí en la sartén, agregar los tallarines en una capa uniforme, espolvorear por encima el resto de semillas de ajonjolí y dejar hasta que quede crujiente. Mientras, batir los huevos con unas gotas de agua. Verterlos sobre los tallarines, repartiéndolos por toda la sartén, tapar y reducir el fuego al mínimo. Dejar cocer un par de minutos. Mientras, limpiar y laminar fino el cebollín y separar las hojas de cilantro del tallo.

Separar los bordes de la tortilla con una espátula de hule y depositarla en un plato. Poner las verduras salteadas en el centro, esparcir el cebollín y las hojas de cilantro. Servir con un poco de jugo de limón exprimido por encima y un chorrito de salsa de soya.

CALORÍAS	GRASAS	GRASAS SATURADAS	PROTEÍNAS	CARBO-HIDRATOS	AZÚCARES	FIBRA	15 MINUTOS
392 kcal	19.1 g	4.5 g	19.5 g	36.6 g	5.0 g	2.5 g	

SÁNDWICH VEGETAL CON HUMMUS, AGUACATE Y REQUESÓN

_ Esta deliciosa receta de verduras es fácil de preparar; las semillas de girasol y el requesón _
equilibran la mezcla de las verduras con un poco de proteínas, siempre necesarias

PARA 2 PERSONAS

2 panecillos integrales
con semillas

200 g de verduras variadas de
temporada, como zanahorias
mini, betabeles crudos mini,
coliflor, pimientos, rábanos,
pepino, chícharos, espárragos

1 manzana

1 cucharada de semillas de
girasol

½ manojo de eneldo fresco
o de menta (15 g)

1 cucharada de vinagre balsámico

aceite de oliva extravirgen

2 cucharadas de hummus casero
(véase página 230)

2 cucharadas de requesón

½ aguacate maduro

Me gusta poner los panecillos en el horno a temperatura mínima, así se van calentando mientras preparo todo lo demás.

Extender un paño de cocina limpio, lavar y cortar todas las verduras, retirar las semillas de los pimientos y de la manzana, ponerlo todo en medio del paño con las semillas de girasol. Esparcir por encima las hojas de eneldo o de menta, levantar los extremos del paño para hacer un fardo. Sujetarlo bien fuerte y golpear con un rodillo para triturar las verduras, hasta que todas tengan el tamaño de un bocado. Aunque pueda parecer una locura, al aplastar las verduras conseguimos más superficie para que el aliño penetre mejor; además al romper las hortalizas más duras estas empiezan a soltar sus jugos naturales y sus sabores, consiguiendo que sea más sabroso.

Poner las verduras en un recipiente y aderezar con el vinagre y 1 cucharada de aceite; sazonar. Cortar por la mitad los panecillos y extender el hummus en la base y el requesón en la parte de arriba. Pelar, deshuesar y cortar el aguacate en rebanadas finas, disponer encima del hummus. Poner tantas verduras como quepan en la base de los panes, tapar con la parte superior y apretar las dos mitades. Servir el resto de verduras al lado y ¡al ataque!

CALORÍAS	GRASAS	GRASAS SATURADAS	PROTEÍNAS	CARBO-HIDRATOS	AZÚCARES	FIBRA	20 MINUTOS
397 kcal	17.7 g	3.7 g	14.1 g	47.7 g	15.2 g	8.8 g	

MI ENSALADA RUSA DE POLLO
CON PIMENTÓN DULCE

— Esta receta, inspirada en el clásico popular, es un homenaje a un buen número de verduras. —
Para ella he reinterpretado el tradicional aderezo a base de mayonesa para hacerlo más saludable

PARA 4 PERSONAS

400 g de betabeles crudos mini
    de distintos colores y de
    zanahorias mini

400 g de papas

1 manojo de espárragos (300 g)

100 g de chícharos frescos
    desgranados

2 pechugas de pollo sin piel
    de 180 g cada una

aceite de oliva

pimentón dulce ahumado

3 cucharadas de yogur natural

2 cucharadas de requesón

1 cucharadita colmada de
    mostaza de Dijon

1 cucharada de vinagre de vino
    blanco

2 filetes de anchoa en aceite

2 pepinillos

1 cucharadita de alcaparras
    pequeñas

¼ de manojo de eneldo fresco (5 g)

Cocer los betabeles en agua unos 10 minutos, o hasta que estén tiernos. Limpiar las zanahorias, cortar las más grandes por la mitad a lo largo y las papas en dados de 2 cm, cocerlas por separado en dos cazos con agua salada 8 minutos, o hasta que estén tiernas. Quitar las puntas duras de los espárragos, cortar los tallos en trozos de 1 cm y dejar enteras las yemas. Añadir al cazo de las papas con los chícharos y hervir 2 minutos, escurrir y dejar enfriar.

Untar las pechugas de pollo con 1 cucharada de aceite, una buena pizca de pimentón y un poco de sal, saltear 10 minutos en una sartén antiadherente a fuego medio alto, o hasta que estén hechas y doradas; darles la vuelta a media cocción.

Mientras, poner el yogur, el requesón, la mostaza, el vinagre y una pizca de pimienta negra en un tazón grande. Picar pequeñas las anchoas, los pepinillos, las alcaparras y el eneldo, añadir al tazón y mezclar bien. Agregar las papas, las zanahorias, los espárragos y los chícharos, probar y rectificar la sazón. Pelar y cortar los betabeles, mezclarlos con cuidado para mantener los colores. Cortar el pollo y ponerlo encima, espolvorear con un poco más de pimentón dulce y servir.

CALORÍAS	GRASAS	GRASAS SATURADAS	PROTEÍNAS	CARBO-HIDRATOS	AZÚCARES	FIBRA	25 MINUTOS
315 al	7.9 g	2.0 g	31.3 g	31.2 g	11.1 g	5.8 g	

SALMÓN CON AJONJOLÍ, AGUACATE CON TAHÍNA Y HORTALIZAS RALLADAS

— El salmón fresco es una gran fuente de vitamina D, que nuestro cuerpo necesita para absorber calcio, y que mantiene nuestros huesos y dientes sanos —

PARA 2 PERSONAS

150 g de espaguetis integrales de arroz

2 limones

2 filetes de salmón con piel y sin espinas, de 100 g cada uno

4 cucharaditas de semillas de ajonjolí

1 diente de ajo

4 cucharaditas de tahína

1 trozo de pepino de 8 cm

2 zanahorias pequeñas

2 betabeles crudos mini

1 barqueta de germinado de berros

1 aguacate maduro

aceite de oliva extravirgen

½–1 chile rojo fresco

2 ramitas de cilantro fresco

Cocer la pasta siguiendo las instrucciones del paquete, escurrir y mezclar con un poco de jugo de limón. Cortar cada filete de salmón a lo largo en tres partes. Poner las semillas de ajonjolí en una tabla y presionar una de las caras del salmón para formar una corteza de semillas. Poner una sartén grande antiadherente a fuego medio y, cuando esté caliente, poner el salmón con el ajonjolí hacia abajo. Dejar 2 o 3 minutos, o hasta que esté dorado, darle la vuelta y cocer justo 1 minuto más, retirar del fuego.

Pelar el ajo y machacar en un molcajete con una pizca de sal marina, mezclar con la tahína, el resto de jugo de limón y unas gotas de agua para elaborar un delicioso aliño. Rallar grueso el pepino, las zanahorias y los betabeles, poniéndolas por separado, repartir entre dos platos. Cortar los berros germinados, repartir entre los dos platos igual que los espaguetis.

Cortar el aguacate por la mitad y deshuesarlo, poner cada mitad en un plato, verter el aliño dentro del agujero y añadir unas gotas de aceite. Servir el salmón al lado con el chile finamente laminado y hojas de cilantro por encima. Mezclarlo todo junto en la mesa y ¡buen provecho!

CALORÍAS	GRASAS	GRASAS SATURADAS	PROTEÍNAS	CARBO- HIDRATOS	AZÚCARES	FIBRA	20 MINUTOS
552 kcal	33.1 g	6.0 g	28.4 g	35.1 g	8.0 g	6.2 g	

ENSALADA DE ELOTE Y QUINOA, MANGO, TOMATES, HIERBAS, AGUACATE Y FETA

— Esta ensalada multicolor, que nos aporta 2 de nuestras 5 raciones diarias de verdura, también incluye quinoa, una semilla excelente, sabrosa, rica en proteínas, fibra, y sin gluten —

PARA 4 PERSONAS

250 g de quinoa blanca, roja o negra

1 mango maduro pequeño

1 aguacate maduro

300 g de tomates maduros de distintos colores

2 limones

aceite de oliva extravirgen

2 elotes

2 dientes de ajo

4 rebanadas de tocino

1 chile rojo fresco

aceite de oliva

20 g de queso feta

½ manojo de cilantro fresco o de menta (15 g)

Cocer la quinoa siguiendo las instrucciones del paquete, escurrir. Pelar y deshuesar el mango y el aguacate, cortar en trozos o laminar la pulpa, junto con los tomates. En un recipiente grande, mezclar con el jugo y la ralladura de limón, 2 cucharadas de aceite de oliva extravirgen y una pizca de sal marina y de pimienta negra; dejar macerar. Mientras, asar los elotes en una plancha caliente hasta que se doren, separar los granos.

Pelar el ajo y picar fino con el tocino y el chile (sin semillas si se desea). Ponerlo todo en una sartén pequeña a fuego medio con 1 cucharadita de aceite de oliva. Rehogar hasta que esté dorado, removiendo de vez en cuando. Añadir al bol de las frutas marinadas, añadir la quinoa, los granos de elote y mezclar bien, probar y sazonar al gusto. Repartir entre los platos, desmenuzar el queso feta por encima, disponer las hojas de las hierbas y servir.

CALORÍAS	GRASAS	GRASAS SATURADAS	PROTEÍNAS	CARBO-HIDRATOS	AZÚCARES	FIBRA	25 MINUTOS
438 kcal	20.6 g	4.4 g	15.3 g	51.2 g	9.4 g	3.3 g	

CENAS

En este capítulo me he propuesto alcanzar el equilibrio perfecto entre recetas superrápidas que te sacarán de más de un apuro y otras de preparación más lenta. En estos platos hay un auténtico raudal de inspiración recogida de todos los rincones del mundo para sorprender a tus papilas. Todas las recetas combinan los distintos grupos de alimentos y tienen menos de 600 calorías por porción, por lo que también puedes disfrutarlas en la comida. De ser posible, tómate el tiempo suficiente para sentarte tranquilamente a la mesa y gozar de la comida compartiéndola con tus seres queridos.

PAPADAMS DE POLLO Y COLIFLOR CON ARROZ Y ESPINACAS AL ESTILO DE BOMBAY

— El comino y la cúrcuma son una gran fuente de hierro, y cuando les añades jugo de limón real resulta que nuestro cuerpo puede absorber muy eficientemente este mineral tan importante —

PARA 2 PERSONAS

100 g de arroz integral

½ coliflor pequeña (400 g)

½ manojo de menta fresca (15 g)

6 cucharadas de yogur natural

1 limón real

1 cucharadita colmada de cúrcuma en polvo, y 1 de curry en polvo no muy picante

1 cucharada de vinagre balsámico

2 dientes de ajo

1 trozo de jengibre de 3 cm

2 pechugas de pollo sin piel de 120 g cada una

1 cucharadita rasa de semillas de comino, y 1 de semillas de mostaza negra

4 papadams sin cocer

60 g espinacas baby

1 chile rojo fresco

Precalentar el horno a 220 °C. Cocer el arroz en una olla con agua salada siguiendo las instrucciones del paquete. Cortar la coliflor en ramitos pequeños y poner en un colador encima de la olla, tapar y cocer al vapor 15 minutos. Poner las hojas de menta en una batidora (reservar las pequeñitas). Añadir 3 cucharadas de yogur, el jugo de ½ limón real y unas gotas de agua, triturar 1 minuto hasta que esté homogéneo y verde. Poner en un plato bonito y reservar en el refrigerador.

Sin limpiar la batidora, añadir el resto de yogur y del jugo de limón, la cúrcuma, el curry en polvo y el vinagre balsámico. Agregar el ajo machacado y el jengibre pelado y picado fino. Triturar hasta que esté homogéneo para hacer la marinada, verter en una fuente de horno grande. Hacer unos cortes en las pechugas de pollo y mezclar con la marinada. Cuando la coliflor esté hecha, ponerla en la fuente con el pollo, mezclar, espolvorear por encima las semillas de comino y de mostaza negra, hornear durante 15 minutos, o hasta que el pollo esté tierno y la coliflor tierna.

Cuando el arroz esté hecho, escurrir, dejando un poco de agua en la olla, poner el colador con el arroz encima, tapar y poner a fuego mínimo para mantenerlo caliente. Poner los papadams, de uno en uno, en el microondas 30 segundos cada uno. Cortar el pollo y repartirlo entre los platos junto con la coliflor, el arroz, las espinacas y los papadams. Regar con el aliño, esparcir el chile en rodajas finas. Decorar con las hojitas de menta y ¡a comer!

CALORÍAS	GRASAS	GRASAS SATURADAS	PROTEÍNAS	CARBO-HIDRATOS	AZÚCARES	FIBRA	40 MINUTOS
546 kcal	13.1 g	3.5 g	48 g	63.6 g	13.8 g	7.6 g	

HAMBURGUESAS VEGETARIANAS, ENSALADA DE LA HUERTA Y ALIÑO DE ALBAHACA

—— El tofu es un excelente portador de sabores, además de ser rico en proteínas, bajo en grasas saturadas y una gran fuente de calcio y fósforo, que nos ayudan a mantener los huesos fuertes ——

PARA 4 PERSONAS

350 g de tofu compacto

1 huevo grande

75 g de pan rallado integral

2 cucharaditas colmadas de Marmite (extracto de levadura de cerveza)

8 tomates maduros

1 cucharada de vinagre de vino tinto

2 ramitas de albahaca fresca

4 panecillos integrales

400 g de verduras variadas de temporada, como pepino, col morada, manzana, germinado de berros, espinacas baby

½ aliño cremoso de albahaca (véase página 226)

aceite de oliva

2 ramitas de romero fresco

50 g de queso cheddar

50 g de pepinillos

Envolver el tofu con un paño de cocina limpio, escurrir y retorcer bien para que suelte el exceso de líquido (deberían salir unas 4 cucharadas; es importante hacerlo para luego conseguir una buena textura de la hamburguesa). Poner el tofu en un recipiente, rascando el paño de cocina. Cascar el huevo, añadir el pan rallado y la Marmite. Mezclar bien todos los ingredientes con las manos limpias, formar 4 hamburguesas iguales que quepan en los panecillos una vez cocidas.

Cortar los tomates en trozos irregulares, poner en una sartén antiadherente sin grasa a fuego alto con una pizca de sal marina y de pimienta negra, unas gotas de agua y el vinagre. Aplastar los tomates con un aplastador de papas, cocer 10 o 15 minutos, o hasta que la salsa se espese, añadir las hojas de albahaca partidas por la mitad y sazonar al gusto (a veces le añado una pizca de hojuelas de chile rojo seco para darle un toque picante). Si quieres que los panecillos queden más esponjosos, ponlos en el horno caliente unos minutos.

Mientras, preparar y cortar finas todas las ensaladas variadas, y elaborar el aliño cremoso de albahaca. Verter 2 cucharaditas de aceite en una sartén grande antiadherente a fuego medio. Poner las hojas de romero en cuatro montoncitos dentro de la sartén, colocar las hamburguesas encima y cocerlas 3 minutos por cada lado, o hasta que se doren. Cortar o rallar el queso, poner encima de las hamburguesas, reducir el fuego al mínimo, tapar y dejar que se derrita 3 o 4 minutos. Extender la salsa de tomate en los panecillos, poner las hamburguesas con el queso y los pepinillos laminados. Mezclar las verduras para ensalada con el aliño, servir con las hamburguesas y ¡buen provecho! Realmente impresionantes.

CALORÍAS	GRASAS	GRASAS SATURADAS	PROTEÍNAS	CARBO-HIDRATOS	AZÚCARES	FIBRA	45 MINUTOS
424 kcal	15.7 g	4.6 g	24.9 g	44.8 g	12.1 g	9.3 g	

ESPAGUETIS DE ESPELTA CON TOMATES DE RAMA Y RICOTTA ASADA

— Los espaguetis de harina de espelta tienen un increíble sabor a nuez y, al ser ricos en fibra de salvado de trigo, o betaglucanos, nos ayudan a mantener bajo nuestro nivel de colesterol —

PARA 4 PERSONAS

aceite de oliva

½ manojo de tomillo fresco (15 g)

4 dientes de ajo

½–1 chile rojo fresco

1 limón real

500 g de tomates cherry de rama maduros de distintos colores

250 g de ricotta de buena calidad

320 g de espaguetis de espelta

cuatro puñados de arúgula

vinagre balsámico (opcional)

Precalentar el horno a 180 °C. Poner 3 cucharadas de aceite en un recipiente pequeño. Pasar el manojo de tomillo 3 segundos por el chorro del agua, secar y deshojarlo dentro del recipiente. Pelar el ajo, picarlo fino con el chile y añadir al recipiente. Agregar la ralladura de limón real, una pizca de sal marina y de pimienta negra, mezclar. Poner los tomates cherry en una fuente de horno de 30 cm x 40 cm. Untar la ricotta con el aceite aromatizado, ponerla en el centro de la fuente y regar los tomates con el aceite restante. Añadir un chorrito de agua, poner en el horno y asar 45 minutos, retirar. Unos 10 minutos antes de acabar la cocción, cocer los espaguetis en una olla con agua con sal siguiendo las instrucciones del paquete.

Retirar la ricotta de la fuente, separar los tomates de rama y desechar los tallos. Verter media taza del agua de cocción de la pasta a la fuente de horno y rascar el fondo para desprender todos los jugos pegados. Escurrir los espaguetis y ponerlos en la fuente con jugo de limón real, sazonar y romper la ricotta por encima. Esparcir la arúgula, mezclarlo bien y servir. A mi mujer le gusta rociarlos con un poquito de vinagre balsámico.

CALORÍAS	GRASAS	GRASAS SATURADAS	PROTEÍNAS	CARBO-HIDRATOS	AZÚCARES	FIBRA	1 HORA
492 kcal	18.9 g	5.8 g	16.3 g	61.7 g	9.2 g	7.0 g	

POLLO DORADO CON SALSA DE MENTA Y VERDURAS DE PRIMAVERA

Todas las verduras de primavera superfrescas de este plato nos garantizan que nuestra comida será muy nutritiva y llena de vitamina C, que nuestro cuerpo necesita para casi todo

PARA 2 PERSONAS

aceite de oliva

vinagre de vino blanco

hojuelas de chile rojo seco

2 pechugas de pollo sin piel de 120 g cada una

1 manojo de espárragos (300 g)

100 g de habas frescas o congeladas

100 g de chícharos frescos desgranados o congelados

1 manojo de menta fresca (30 g)

20 g de feta

2 rebanadas de pan integral con semillas

Poner 1 cucharada de aceite y 1 de vinagre en un recipiente con una pizca de hojuelas de chile. Añadir las pechugas de pollo y untarlas bien, ponerlas en una sartén mediana antiadherente a fuego medio alto y saltear 8 minutos, o hasta que se doren y estén hechas, dando la vuelta de vez en cuando.

Mientras, poner una olla grande a fuego alto con agua hirviendo hasta la mitad. Quitar las puntas duras de los espárragos, cortar los tallos en trozos de 1 cm, dejando enteras las yemas. Cocer junto con las habas y los chícharos solo 3 minutos. Verter un cucharón grande de verduras con agua de cocción en una batidora, escurrir el resto de verduras y repartir entre los platos de servir. Poner la parte tierna de arriba del manojo de menta con los tallos y las hojitas y solo el resto de hojas más grandes. Añadir 2 cucharadas de vinagre, un chorrito de aceite y una pizca de sal marina, triturar hasta que esté homogéneo.

Poner el pollo dorado encima de las verduras, cubrir con la salsa de menta y desmenuzar el queso feta. Servir con una rebanada de pan al lado para que se empapen los deliciosos jugos. Una receta sencilla, deliciosa y con productos de temporada.

CALORÍAS	GRASAS	GRASAS SATURADAS	PROTEÍNAS	CARBO-HIDRATOS	AZÚCARES	FIBRA	15 MINUTOS
468 kcal	18.0 g	4.2 g	45.5 g	32.3 g	6.1 g	11.0 g	

GUISO DE PESCADO BLANCO AL CURRY CON CAMARONES Y TOMATES DULCES

— Los camarones son ricos en vitamina B12, que nuestro metabolismo y nuestro sistema nervioso necesitan para funcionar adecuadamente; además, ayuda a evitar la sensación de cansancio —

PARA 6 PERSONAS

6 cebollines

1 chile rojo fresco

1 trozo de jengibre de 5 cm

aceite de oliva

un puñado de hojas de curry

1 cucharadita de semillas de mostaza negra

1 cucharadita rasa de cúrcuma en polvo

½ cucharadita de chile en polvo, ½ de semillas de comino, ½ de semillas de hinojo

12 camarones frescos o congelados, con cáscara

300 g de arroz integral

250 g de tomates cherry maduros de distintos colores

400 ml de leche de coco ligera

6 filetes de 100 g de pescado blanco con piel, sin escamas ni espinas

1 limón real

12 papadams sin cocer

Limpiar los cebollines y cortarlos finos junto con el chile; pelar y cortar el jengibre en bastoncitos. Poner una cacerola poco profunda de 25 cm a fuego medio con 1 cucharada de aceite, los cebollines, el chile, el jengibre, las hojas de curry y todas las especias. Rehogar 5 minutos, o hasta que esté un poco dorado.

Mientras, quitar las cabezas de los camarones, incorporarlos a la cazuela para añadirle sabor, verter el arroz y 1.2 litros de agua hirviendo. Cocer a fuego lento 10 minutos. Mientras, pelar el resto de los camarones (yo les dejo la cola), con un cuchillo afilado cortarles el dorso para retirar el intestino negro, así las colas se abrirán cuando se cuezan. Reservar en el refrigerador hasta que se vayan a usar.

Cortar por la mitad los tomates y añadir a la cazuela, cubrir con la leche de coco. Cocer a fuego lento 20 minutos, cortar el pescado por la mitad a partir del centro, incorporarlo a la cazuela los últimos 10 minutos, o hasta que el pescado y el arroz estén cocidos, añadir los camarones los últimos 5 minutos. Retirar las cabezas, exprimir bien todos sus jugos, desechar y aclarar el guiso con un poco de agua hirviendo si fuera necesario. Probar y rectificar la sazón con sal marina, pimienta negra y jugo de limón real. Poner los papadams, de uno en uno, en el microondas 30 segundos cada uno y servir con el guiso.

CALORÍAS	GRASAS	GRASAS SATURADAS	PROTEÍNAS	CARBO-HIDRATOS	AZÚCARES	FIBRA	50 MINUTOS
454 kcal	15.1 g	4.6 g	30.9 g	51.7 g	4.3 g	3.6 g	

RODAJAS DE SALMÓN DORADO
CON CHÍCHAROS Y PURÉ DE VERDURAS

— El salmón está repleto de ácidos grasos omega-3 y vitamina D, que nuestro cuerpo necesita para absorber y utilizar el calcio con eficiencia y mantener nuestros huesos fuertes y sanos —

PARA 2 PERSONAS

400 g de zanahorias, papas
    y colinabo

½ manojo de cebollitas de Cambray
    frescas (15 g)

2 cucharadas colmadas de yogur
    natural

aceite de oliva

2 rodajas de salmón de 180 g
    cada una, con piel, sin escamas
    ni espinas

1 cucharadita de semillas
    de hinojo

300 g de chícharos congelados

1 limón

Lavar las zanahorias y las papas, pelar el colinabo, cortarlo todo en trozos de 2 cm. Cocer el colinabo en una olla con agua salada por 10 minutos, añadir las zanahorias y las papas. Cocer 15 minutos más, hasta que estén tiernas. Escurrir y dejar secar 1 minuto, aplastarlas. Picar las cebollitas pequeñas y mezclar la mitad con las verduras junto con el yogur, sazonar.

Mientras, poner una sartén antiadherente a fuego medio con 1 cucharadita de aceite, añadir el salmón (si se prefiere, pueden ser dos ruedas de 120 g). Espolvorear por encima las semillas de hinojo y dejar cocer 6 minutos, hasta que esté dorado y hecho, dando la vuelta a mitad de cocción. No hay que poner demasiado aceite, porque la grasa que suelta el salmón ya es suficiente para que quede crujiente; además, al cocerlo con espinas hace que quede jugoso. Cuando las espinas se separan con facilidad, el pescado ya está hecho.

Cocer los chícharos en un cazo con agua, escurrir y añadir a la sartén con el salmón 30 segundos, removiendo para que se impregnen de todos los sabores. Exprimir la mitad del jugo de limón sobre el salmón y servir con las verduras aplastadas con el resto de las cebollitas, y unos gajos de limón para exprimir por encima.

CALORÍAS	GRASAS	GRASAS SATURADAS	PROTEÍNAS	CARBO-HIDRATOS	AZÚCARES	FIBRA	30 MINUTOS
482 kcal	21.2 g	4.0 g	42.4 g	32.9 g	14.0 g	11.9 g	

DELICIOSAS LENTEJAS CON CALABAZA, HUEVOS FRITOS Y PAPADAMS

Las lentejas rojas partidas son una excelente fuente de nutrientes, incluido el hierro, necesario para que la sangre transporte oxígeno a todo el cuerpo, cosa que evita el cansancio

PARA 2 PERSONAS
+ 6 RACIONES DE LENTEJAS SOBRANTES

8 dientes de ajo

2 chiles rojos frescos

aceite de oliva

3 cucharaditas de semillas de mostaza negra

1 cucharadita colmada de semillas de comino

1 puñado de hojas de curry

2 cebollas

1 trozo de jengibre de 5 cm

1 manojo de cilantro fresco (30 g)

½ calabaza moscada (600 g)

500 g de lentejas rojas partidas

3 cucharadas de yogur natural

1 limón

2 huevos grandes

4 papadams sin cocer

dos puñados de espinacas baby

Empezar haciendo el aderezo. Pelar los ajos, laminar finos junto con los chiles, a ser posible de 1 mm con la mandolina (¡usa la protección!). Poner 2 cucharadas de aceite en una cacerola grande y ancha a fuego medio, rehogar las semillas de mostaza, las semillas de comino y las hojas de curry por 1 minuto, luego añadir los ajos y los chiles. Remover hasta que todo esté crujiente y ligeramente dorado. Con una espumadera, retirar la mitad y poner en un plato, quitar la cacerola del fuego.

Pelar las cebollas y el jengibre, picar finos los tallos de cilantro, cortar la calabaza en trozos de 2 cm, dejar la piel pero retirar las semillas. Añadirlo todo a la cacerola y poner de nuevo a fuego medio durante 15 minutos hasta que se ablande. Agregar las lentejas y 1.5 litros de agua hirviendo. Llevar a ebullición, reducir el fuego, tapar y cocer a fuego lento por 35 minutos, removiendo de vez en cuando. Machacar la calabaza con las lentejas y sazonar. Retirar 6 raciones, meter en una bolsa y, cuando esté completamente frío, congelar. Será ideal tenerlo de reserva para un día lluvioso. Dejar el resto a fuego mínimo para que se mantenga caliente.

Para servir, triturar las hojas de cilantro, el yogur, una pizca de sal marina y la mitad del jugo de limón hasta que esté homogéneo, poner en un bol pequeño. Recalentar el aderezo reservado en una sartén antiadherente a fuego medio bajo con 1 cucharadita de aceite, dividirlo en dos partes y cascar 1 huevo encima de cada una. Tapar y freír por debajo 2 o 3 minutos, mientras se hacen un poco por encima. Poner los papadams, de uno en uno, en el microondas 30 segundos cada uno. Poner un huevo frito encima de cada ración de lentejas, unas espinacas, el aliño, los papadams y un gajo de limón a un lado.

CALORÍAS	GRASAS	GRASAS SATURADAS	PROTEÍNAS	CARBO-HIDRATOS	AZÚCARES	FIBRA	1 HORA
239 kcal	11.6 g	2.5 g	14.6 g	22.3 g	7.3 g	3.4 g	

LAKSA DE CALABAZA ASADA CON POLLO, CITRONELA, CACAHUATES Y ARROZ

— La calabaza está repleta de vitamina A, que (y esto es lo mejor) ¡nos ayuda a ver en la oscuridad! —
También utilizamos la vitamina A para metabolizar el hierro de los alimentos que comemos

PARA 2 PERSONAS

3 trozos de citronela

3 dientes de ajo

1 trozo de jengibre de 10 cm

2 chiles rojos frescos

3 cebollines

1 manojo grande de cilantro fresco (60 g)

80 ml de crema de coco

vinagre de vino blanco

salsa de pescado

1 cubito de un buen caldo de pollo

150 g de arroz integral o mezcla de integral y salvaje

1 calabaza moscada (1.2 kg)

2 muslos de pollo con hueso

aceite de ajonjolí

1 cucharada de cacahuates sin sal

1 limón

Precalentar el horno a 180 °C. Golpear la citronela y retirar las capas exteriores, pelar los ajos y el jengibre, limpiar los chiles y los cebollines. Picarlo todo grueso y poner en una batidora. Añadir el manojo de cilantro, reservando algunas hojas bonitas para decorar, junto con la crema de coco, un chorrito de vinagre y otro de salsa de pescado. Triturar hasta que esté homogéneo, añadiendo unas gotas de agua hasta obtener una consistencia ligeramente sólida, para hacer la pasta de laksa.

Desmenuzar el cubito de caldo en una cacerola plana de 30 cm que pueda ir al horno, disolverlo con 700 ml de agua hirviendo, añadir el arroz. Con cuidado, cortar dos rodajas del extremo de la calabaza de un grosor de 4 cm, retirar las semillas con una cucharilla (se pueden asar con un poco de sal marina y de aceite y comerlas como aperitivo, si se desea). Quitar y desechar la piel del pollo. En un plato, untar la calabaza y el pollo con una tercera parte de la pasta de laksa (meter el resto en una bolsa y congelar para que no pierda su sabor y tenerla lista para otra ocasión), poner el pollo y la calabaza encima del arroz. Regar con 1 cucharadita de aceite de ajonjolí, hornear durante 1 hora 30 minutos hasta que se dore.

Justo antes de servir, tostar un poco los cacahuates y machacarlos en un molcajete. Servir el laksa con los cacahuates esparcidos y las hojas de cilantro reservadas, con gajos de limón para exprimir por encima. Delicioso acompañado con una ensalada bien fresca.

CALORÍAS	GRASAS	GRASAS SATURADAS	PROTEÍNAS	CARBO-HIDRATOS	AZÚCARES	FIBRA	1 HORA 40 MINUTOS
597 kcal	17.9 g	6.0 g	25.8 g	89.1 g	16.6 g	6.5 g	

BROCHETAS DE POLLO CON SALSA DE PIMIENTO AMARILLO Y QUINOA NEGRA

La quinoa negra tiene todas las cualidades de la quinoa normal, además de vitamina E, que protege nuestro cuerpo del daño causado por las células del estrés, o radicales libres

PARA 2 PERSONAS

150 g de quinoa blanca, roja o negra

1 chile güero o verde

2 pimientos amarillos

4 cebollines

1 diente de ajo

2 cucharadas de vinagre de sidra

aceite de oliva

2 pechugas de pollo sin piel de 120 g cada una

4 ramitas de tomillo fresco

½ aguacate maduro

2 ramitas de cilantro fresco

yogur natural (opcional)

Cocer la quinoa siguiendo las instrucciones del paquete; escurrir. Retirar las semillas del chile y los pimientos, cortar los pimientos en cuatro y ponerlo todo en una cacerola de 25 cm a fuego medio. Limpiar los cebollines y añadir la parte blanca a la cacerola (reservar la parte verde). Pelar, laminar y añadir el ajo junto con el vinagre, 1 cucharada de aceite y un chorro de agua. Tapar y cocer a fuego lento 20 minutos, hasta que esté blando, removiendo de vez en cuando. Verter el contenido de la cacerola en una batidora, triturar hasta que esté homogéneo, sazonar al gusto.

Se pueden cocer las brochetas en una sartén antiadherente caliente, en una plancha o en la parrilla. Cortar el pollo a lo largo en tiras de 2 cm, y la parte verde de los cebollines en trozos de 2 cm. Repartir el pollo entre las brochetas, vigilando que quepan en la sartén, plancha o parrilla, entrelazando el pollo con los cebollines. Deshojar las ramitas de tomillo sobre las brochetas, sazonar un poco, salpicar con 1 cucharadita de aceite y cocer unos 8 minutos, hasta que el pollo esté hecho y dorado. Mientras, pelar y laminar el aguacate.

Poner la mitad de la quinoa en un pequeño recipiente untado con aceite, desmoldarlo en un plato y repetir la operación. Repartir la salsa de pimiento amarillo, el aguacate, las hojas de cilantro y las brochetas de pollo entre los dos platos, y ¡al ataque! Si gustas, también es delicioso con una cucharada de yogur a un lado.

CALORÍAS	GRASAS	GRASAS SATURADAS	PROTEÍNAS	CARBO-HIDRATOS	AZÚCARES	FIBRA	40 MINUTOS
549 kcal	19.8 g	3.3 g	42.4 g	53.5 g	14.6 g	4.3 g	

MACARELA ASADA CON MOSTAZA, BETABELES DE COLORES Y BULGUR

— La macarela (caballa) es una magnífica fuente de ácidos grasos omega-3, rica en proteínas y yodo, que, a través de la tiroides, ayuda a nuestro metabolismo a funcionar con eficiencia —

PARA 2 PERSONAS

300 g de betabeles crudos de distintos colores

150 g de bulgur de trigo

aceite de oliva

4 filetes de macarela o de trucha de 75 g cada uno, sin escamas ni espinas

2 cucharaditas de mostaza de Dijon

vinagre de vino blanco

1 cucharada de hojuelas de avena

½ manojo de tomillo fresco (15 g)

2 puñados grandes de arúgula

½ limón real

2 cucharaditas de rábano picante rallado en conserva

2 cucharadas de yogur natural

Precalentar el horno a 200 °C. Lavar los betabeles, cocerlos en agua salada durante 30 minutos, o hasta que estén tiernos, según su tamaño. Escurrirlos y dejarlos enfriar. Mientras, cocer el bulgur siguiendo las instrucciones del paquete; escurrir.

Forrar una fuente de horno de 25 cm x 30 cm con papel de horno y untar con aceite. Repartir uniformemente el bulgur en la fuente y poner los filetes de pescado encima. Desleír la mostaza con un poco de vinagre, untarla por encima de la piel del pescado y espolvorear las hojuelas de avena. Pelar los betabeles y cortarlos en rodajas finas, de ser posible con la mandolina (¡usa la protección!), colocarlas alrededor y bajo del pescado, montando unas rodajas encima de otras en una capa uniforme.

Mezclar 1 cucharada de vinagre con 1 cucharadita de aceite y una pizca de sal marina y de pimienta negra para hacer el aliño. Usando el tomillo como un pincel, untar los betabeles con el aliño, luego deshojarlo por encima. Cocer en la parte de arriba del horno durante 15 o 20 minutos, o hasta que el pescado esté hecho y ligeramente dorado. Mezclar la arúgula con un poco de jugo de limón real y esparcir por encima. Mezclar el rábano picante con el yogur, sazonar y poner unas cucharadas encima del pescado. ¡Buen provecho!

CALORÍAS	GRASAS	GRASAS SATURADAS	PROTEÍNAS	CARBO-HIDRATOS	AZÚCARES	FIBRA	50 MINUTOS
378 kcal	9.4 g	1.0 g	37.4 g	35.9 g	13.0 g	6.7 g	

LASAÑA DE CALABAZA Y ESPINACAS, REQUESÓN Y SEMILLAS

— La lasaña integral contiene el doble de fibra que la blanca; además, la vitamina A que absorbemos de la calabaza nos ayuda a metabolizar el hierro de las espinacas —

PARA 6 PERSONAS

aceite de oliva

1 calabaza moscada grande (1.5 kg)

1 cucharadita rasa de cilantro en polvo

4 dientes de ajo

1 chile rojo fresco

2 cucharadas de vinagre balsámico

800 g de tomates pera en lata

200 g de espinacas baby

60 g de parmesano

250 g de láminas de lasaña seca integral

400 g de requesón descremado

100 ml de leche semidescremada

1 cucharada de semillas de girasol

1 ramita de romero fresco

Precalentar el horno a 180 °C y untar dos fuentes de horno grandes con un poco de aceite. Cortar la calabaza por la mitad y quitar las semillas, reservando la piel, cortar en forma de medias lunas de 1 cm. Colocar en las fuentes en una sola capa. Espolvorear por encima el cilantro en polvo y una pizca de sal marina y de pimienta negra, asar 50 minutos, o hasta que esté blanda y ligeramente dorada.

Mientras, pelar los ajos, retirar las semillas del chile, laminarlos finos y ponerlos en una cacerola grande a fuego medio alto con 1 cucharada de aceite. Rehogar 3 minutos, o hasta que se doren, añadir el vinagre balsámico y los tomates, troceándolos a medida que se añaden, y una de las latas de tomate llena de agua. Cocer a fuego medio de 15 a 20 minutos, hasta que se espese, sazonar al gusto.

Para preparar la lasaña, extender una tercera parte de la salsa de tomate en la base de una fuente de horno de 25 cm x 30 cm. Cubrir con una capa de hojas de espinacas crudas, una de calabaza asada, parmesano rallado y una capa de láminas de lasaña. Repetir las capas dos veces más, acabando con láminas de lasaña. Desleír el requesón con la leche, aplastando un poco el queso, sazonar y extender por encima. Rallar fino el resto de parmesano y esparcir las pepitas de girasol. Untar la ramita de romero con aceite y deshojarla encima de la lasaña. Hornear en la parte de abajo del horno 45 minutos, o hasta que se dore y empiece a burbujear, servir. Es deliciosa acompañada con una ensalada verde aderezada con limón real.

CALORÍAS	GRASAS	GRASAS SATURADAS	PROTEÍNAS	CARBO-HIDRATOS	AZÚCARES	FIBRA	1 HORA 45 MINUTOS
438 kcal	13.2 g	5.4 g	21.2 g	59.0 g	21.6 g	9.4 g	

FANTÁSTICOS CAMARONES MARROQUÍES CON CUSCÚS Y SALSA MULTICOLOR

— La granada, que añade un toque dulce a este plato, es una gran fuente de vitamina B6, que mantiene sano el sistema nervioso para que nuestras células puedan comunicarse —

PARA 2 PERSONAS

2 ramitas de romero fresco

2 dientes de ajo

aceite de oliva

1 cucharadita rasa de pimentón ahumado

una buena pizca de azafrán

6 camarones frescos o congelados, con cáscara

2 naranjas

150 g de cuscús integral

400 g de verduras de temporada de distintos colores, como chícharos, espárragos, hinojo, calabacitas, apio, cebollines, pimientos rojos o amarillos

1 chile pasilla fresco

½ manojo de menta fresca (15 g)

1 limón real

2 cucharadas de yogur natural

1 granada

Deshojar las ramas de romero en un molcajete y machacar junto con los ajos pelados y una pizca de sal marina hasta obtener una pasta. Mezclar con 1 cucharada de aceite, el pimentón, el azafrán y un chorro de agua hirviendo para hacer la marinada. Con unas tijeritas, cortar la cáscara de los camarones por el dorso y retirar el intestino. Cortar 1 naranja en gajos, mezclar con los camarones y la marinada y reservar 10 minutos.

Poner el cuscús en un recipiente y cubrir con agua hirviendo, poner un plato encima y dejar que se esponje. Cortar pequeñas todas las verduras y el chile, y ponerlas en un recipiente para servir. Reservar unas cuantas hojitas de menta, picar finamente el resto y añadirlas al recipiente con el jugo del limón y de la otra naranja. Verter el cuscús, mezclar bien y sazonar al gusto.

Poner una sartén grande antiadherente a fuego alto. Saltear los camarones con la marinada y los gajos de naranja de 4 a 5 minutos, hasta que los camarones estén crujientes; disponerlos encima del cuscús. Poner las cucharadas de yogur, cortar la granada por la mitad, sujetar una mitad con la mano boca abajo y golpearla con una cuchara para hacer caer los granos por encima. Esparcir las hojitas de menta reservadas y servir.

CALORÍAS	GRASAS	GRASAS SATURADAS	PROTEÍNAS	CARBO-HIDRATOS	AZÚCARES	FIBRA	20 MINUTOS
572 kcal	11.3 g	2.4 g	30.0 g	91.7 g	28.4 g	15.9 g	

PESCADO ESTILO ASIÁTICO CON ARROZ NEGRO Y SALSA DE CHILE

— El bacalao fresco es un maravilloso pescado bajo en grasa y grasas saturadas, además de ser superrico en selenio y yodo, que ayudan a regular el metabolismo —

PARA 2 PERSONAS

150 g de arroz integral o negro

1 limón

2 filetes de bacalao o de pescado blanco de 120 g cada uno, con piel, sin escamas ni espinas y con unos cortes

1 trozo de jengibre de 2 cm

1 diente de ajo

1 chile rojo fresco

2 cebollines

1 cucharada de salsa de soya baja en sal

1 cucharada de vinagre de vino blanco

3 tomates cherry maduros

2 bok choy pequeños (coles chinas)

150 g de verduras como ramitos de brócoli, espárragos, acelgas, col kale, chícharos mollares

Cocer el arroz siguiendo las instrucciones del paquete; escurrir. Poner a hervir una olla con agua para luego colocar encima una vaporera de dos pisos. Rallar fina la cáscara del limón por encima de los filetes de pescado y ponerlos en la base de la vaporera, fuera del fuego.

Exprimir el jugo de limón en una batidora (me gusta añadir el limón ya exprimida a la olla con agua hirviendo para aromatizar el vapor). Pelar el jengibre y el ajo, picar gruesos y añadir a la batidora. Agregar el chile sin semillas, los cebollines limpios y picados, la soya, el vinagre y los tomates, triturar hasta que la salsa esté homogénea. Sazonar al gusto, verter en un recipiente pequeño y poner junto al pescado.

Limpiar los bok choy y las verduras, cortándolas por la mitad o en cuartos, según el tamaño, y ponerlas en la parte superior de la vaporera, encima del pescado y la salsa. Poner la tapa y colocar encima del agua hirviendo; cocer al vapor 6 minutos, o hasta que el pescado esté hecho y las verduras al dente conservando su color. Servir el pescado, el arroz y las verduras aliñadas con la salsa de chile.

CALORÍAS	GRASAS	GRASAS SATURADAS	PROTEÍNAS	CARBO-HIDRATOS	AZÚCARES	FIBRA	40 MINUTOS
416 kcal	4.0 g	0.8 g	32.0 g	66.8 g	6.0 g	4.8 g	

FEIJOADA VEGETARIANA CON FRIJOLES NEGROS, CALABAZA, PIMIENTOS Y OKRA

— Los superproteicos frijoles negros son una gran base para esta versión vegetariana del tradicional plato brasileño; a través de la verdura recibimos además un montón de fibra —

PARA 2 PERSONAS
+ 4 RACIONES DE FEIJOADA SOBRANTE

½ calabaza moscada (600 g)

aceite de oliva

1 cucharadita colmada de cilantro en polvo y una de pimentón ahumado

3 pimientos de distintos colores

2 cebollas rojas

4 dientes de ajo

4 hojas de laurel fresco

800 g de frijoles negros de lata

100 g de okra (quimbombó)

150 g de arroz integral

2 tomates maduros de distintos colores

½–1 chile rojo fresco

1 manojo de cilantro (30 g)

1 limón

2 cucharadas de yogur natural

Precalentar el horno a 200 °C. Cortar la calabaza por la mitad y retirar las semillas, cortar en trozos de 3 cm. En una fuente de horno grande, mezclar con 1 cucharadita de aceite, el cilantro en polvo y una pizca de sal marina y de pimienta negra. Quitar las semillas de los pimientos, cortar en trozos de 3 cm y, en otra fuente de horno, mezclar con 1 cucharadita de aceite y el pimentón ahumado. Hornear ambas fuentes 35 minutos, o hasta que la verdura esté blanda.

Mientras, pelar y picar pequeña ¼ de cebolla; reservar. Picar gruesa la demás cebolla y ponerla en una cacerola grande a fuego bajo con 1 cucharada de aceite. Añadir los ajos machacados, las hojas de laurel y un chorro de agua, rehogar 20 minutos, o hasta que esté blanda, removiendo de vez en cuando. Verter los frijoles con su caldo, llenar hasta la mitad las latas vacías con agua y verter en la cacerola. Limpiar, cortar fina y añadir la okra, cocer a fuego lento 20 minutos, o hasta que la feijoada tenga un color oscuro, desleír con un poco más de agua si fuera necesario. Mientras, cocer el arroz siguiendo las instrucciones del paquete; escurrir.

Para elaborar una salsa rápida, retirar las semillas de los tomates, picarlos finos con la cantidad de chile deseada y casi todas las hojas de cilantro. Mezclar en un recipiente con la cebolla reservada y añadir el jugo de limón, sazonar. Retirar 4 raciones de feijoada, meter en una bolsa y, cuando esté completamente fría, congelar. Será ideal tenerla de reserva para un día ajetreado. Servir el resto de feijoada con el arroz y la salsa, una cucharada de yogur y el resto de las hojas de cilantro.

CALORÍAS	GRASAS	GRASAS SATURADAS	PROTEÍNAS	CARBO-HIDRATOS	AZÚCARES	FIBRA	1 HORA 5 MINUTOS
532 kcal	7.9 g	1.9 g	19.9 g	93.6 g	17.6 g	20.1 g	

PESCADO REBOZADO CON PESTO, TOMATES CHERRY ASADOS, PAPAS Y VERDURAS

— Los tomates cherry son ricos en vitamina C, que protege nuestras células y hace funcionar el cerebro adecuadamente; además, en esta receta nos ayudan a absorber el hierro de las espinacas —

PARA 2 PERSONAS

200 g de tomates cherry maduros de rama

1 rebanada de pan integral

½ manojo de albahaca fresca (15 g)

½ diente de ajo

15 g de piñones

1 limón real

20 g de parmesano

aceite de oliva extravirgen

2 filetes de pescado blanco firme de 120 g, como bacalao, merluza, dorada, robalo, sin piel, escamas ni espinas

250 g de papas nuevas pequeñas

100 g de cada verdura, como ejotes, brócoli, espinacas baby

1 cucharada de vinagre balsámico

Precalentar el horno a 200 °C. Poner los tomates en rama en un lado de una fuente de horno y asar durante 10 minutos. Mientras, triturar la rebanada de pan en un procesador hasta obtener migas, ponerlas en un recipiente. Machacar las hojas de albahaca en un molcajete. Pelar el ajo y añadir una pizca de sal marina y los piñones, y seguir picando hasta obtener una pasta verde. Exprimir la mitad del jugo de limón real, rallar fino el parmesano, añadir 1 cucharada de aceite y mezclarlo todo. Repartir el pesto entre los filetes de pescado y rebozarlos, pasar por el pan rallado. Espolvorear los restos de pan rallado por la fuente de horno al lado de los tomates, disponer los filetes de pescado encima. Cortar por la mitad el resto del limón y añadirlo a la fuente, asar durante 15 minutos, o hasta que el pescado esté hecho y dorado.

Mientras, cortar las papas grandes por la mitad, ponerlas en una cacerola, cubrir con agua hirviendo con sal y cocer 15 minutos hasta que estén tiernas. Poner un colador sobre la cacerola, con tapadera encima. Limpiar los ejotes, cortar los brócolis por la mitad a lo largo y ponerlos en el colador, cocer al vapor los últimos 5 minutos, añadiendo las espinacas los últimos 2 minutos.

En una fuente, mezclar el vinagre balsámico con 1 cucharada de aceite, sazonar. Cuando las verduras estén hechas, ponerlas en la fuente con el aliño, escurrir las papas, añadirlas a la fuente, mezclar bien. Servir con el pescado, los tomates asados y gajos de limón real, con un chorrito de vinagre balsámico.

CALORÍAS	GRASAS	GRASAS SATURADAS	PROTEÍNAS	CARBO-HIDRATOS	AZÚCARES	FIBRA	30 MINUTOS
518 kcal	23.2 g	4.0 g	37.5 g	42.1 g	12.5 g	7.7 g	

BERENJENA ASADA CON HARISSA, GRANADA, PISTACHES, ACEITUNAS Y ARROZ

— Con tomates cherry llenos de vitamina C y reconfortantes berenjenas, este plato aporta 2 de las 5 raciones de verduras diarias, más la beneficiosa grasa no saturada de los pistaches —

PARA 2 PERSONAS

1 cebolla morada

2 dientes de ajo

aceite de oliva

½ cucharadita de semillas de comino

150 g de arroz integral

800 ml de caldo de verduras de calidad

1 berenjena grande (300 g)

2 cucharaditas de harissa

1 cucharadita de agua de rosas

6 aceitunas con hueso

200 g de tomates cherry maduros

1 cucharada de vinagre balsámico

2 cucharadas de yogur natural descremado

½ granada

30 g de pistaches pelados

4 ramitas de cilantro fresco

Pelar y picar fina la cebolla y los ajos y poner en una cacerola plana a fuego medio alto con 1 cucharada de aceite, las semillas de comino y un poco de agua. Rehogar 5 minutos, hasta que estén blandos, removiendo de vez en cuando. Añadir el arroz, verter el caldo caliente, llevar a ebullición, tapar y cocer a fuego lento 10 minutos. Cortar la berenjena por la mitad a lo largo, hacer unos cortes en forma de rejilla en la pulpa de cada mitad y espolvorear una pizca de sal marina. Desleír la harissa con el agua de rosas, esparcir por encima de las dos medias berenjenas y ponerlas boca arriba encima del arroz. Tapar de nuevo la cacerola y cocer a fuego lento 20 minutos.

Precalentar el horno a 180 °C. Mientras, deshuesar las aceitunas y trocearlas en un recipiente. Añadir los tomates cherry cortados por la mitad y mezclar con el vinagre balsámico. Cuando la berenjena esté hecha, destapar la cacerola y esparcir las aceitunas y los tomates aliñados alrededor. Poner en el horno destapado durante 30 minutos, o hasta que el arroz esté cocido, se haya evaporado el líquido y la berenjena esté dorada.

Para servir, poner la cucharada de yogur encima. Cortar la granada por la mitad, sujetar la mitad con la mano boca abajo y golpearla con una cuchara para hacer caer los granos por encima. Picar los pistaches y esparcirlos, poner las hojas de cilantro y ¡buen provecho!

CALORÍAS	GRASAS	GRASAS SATURADAS	PROTEÍNAS	CARBO-HIDRATOS	AZÚCARES	FIBRA	1 HORA
552 kcal	21.2 g	3.5 g	15.6 g	79.2 g	16.5 g	8.0 g	

SABROSAS SAMOSAS DE TERNERA, CEBOLLA Y CAMOTE

A diferencia de la papa, el camote es un carbohidrato sin almidón.
También es una fuente de otros nutrientes, incluida nuestra mejor amiga, la vitamina C

PARA 4 PERSONAS

50 g de arroz integral

aceite de oliva

100 g de carne magra de ternera
picada

curry en polvo no muy picante

1 cebolla

2 dientes de ajo

1 camote (250 g)

1 chile pasilla fresco

8 ramitas de cilantro fresco

4 láminas grandes de pasta filo

1 cucharada rasa de semillas
de cebolla negra (opcional)

½ pepino

½ limón real

4 cucharadas de yogur natural

salsa picante

Cocer el arroz integral siguiendo las instrucciones del paquete, escurrir y dejar enfriar. Mientras, poner 1 cucharada de aceite, la ternera y 1 cucharada rasa de curry en polvo en una cacerola a fuego medio, removiendo de vez en cuando. Pelar la cebolla, los ajos y el camote, picar finamente con el chile (sin semillas si se desea) y los tallos de cilantro. Añadirlo todo a la cacerola y rehogar unos 15 minutos, removiendo a menudo. Verter 350 ml de agua, cocer a fuego lento 20 minutos. Machacar el camote con una cuchara, sazonar al gusto y dejar enfriar. Mezclar con el arroz para hacer el relleno.

Precalentar el horno a 200 °C. Normalmente las hojas de pasta filo miden 25 cm x 48 cm, cortarlas por la mitad a lo largo. Untarlas con un poco de agua y esparcir uniformemente las semillas de cebolla (si se usan). Poner una octava parte del relleno en la base de cada hoja. Ir doblando hacia arriba la pasta filo para hacer las samosas o empanadillas triangulares, usando un poco de agua para sellar y pegar los extremos. Poner en una fuente de horno antiadherente y cocer 20 minutos, o hasta que estén crujientes y doradas; darles la vuelta a media cocción.

Con una cucharilla, quitar el corazón acuoso del pepino, cortar en daditos y aliñar con el jugo del limón. Servir 2 samosas por persona con una cucharada de yogur, un poco de salsa de chile y una cucharada de pepino. Poner las hojas de cilantro, una pizca de curry en polvo y ¡al ataque!

CALORÍAS	GRASAS	GRASAS SATURADAS	PROTEÍNAS	CARBO-HIDRATOS	AZÚCARES	FIBRA	1 HORA
338 kcal	6.9 g	1.8 g	15.7 g	54.7 g	10.0 g	4.0 g	

RAMEN VEGETARIANO, MISO DE NUECES, KIMCHI Y HUEVOS FRITOS

— Las nueces son superricas en vitamina E, que actúa como antioxidante, nos ayuda a proteger las células y a mantener la piel y los ojos sanos, además de reforzar nuestro sistema inmunológico —

PARA 2 PERSONAS

¼ de col china (180 g)

1 cucharadita de salsa picante de chile

2 limones

20 g de nueces peladas

1 cucharada de pasta de miso

300 g de verduras verdes, como ejotes, brócoli, chícharos mollares

150 g de fideos integrales de arroz

aceite de ajonjolí

2 huevos grandes

½–1 chile rojo fresco

Poner a hervir 1 litro de agua en una olla grande con una pizca de sal marina. Cortar a lo largo un cuarto de col china. Cortar muy finas las hojas de la mitad superior, mezclar y estrujar muy bien con la salsa de chile y el jugo de 1 limón para hacer un falso kimchi. Cortar la parte de abajo de la col por la mitad, por el tallo. Machacar las nueces en un molcajete hasta que estén finas, mezclar con la pasta de miso y reservar.

Cortar las puntas de los ejotes y ponerlos en el agua hirviendo. Cortar los extremos del brócoli, añadir al agua los tirabeques y los trozos de col. Añadir los fideos y cocer siguiendo las instrucciones del paquete. Tapar y dejar cocer hasta que las verduras estén hechas pero sin que pierdan su color verde, y los fideos estén al dente. Mientras, poner una sartén antiadherente a fuego medio con 1 cucharadita de aceite de ajonjolí, cascar los huevos y tapar para que se cuajen por encima y se frían a tu gusto.

Con una espumadera, repartir las verduras y los fideos entre los razones. Desleír la mezcla de miso y nueces en el agua de las verduras, llevar a ebullición y verter encima de las verduras. Repartir el kimchi, poner los huevos encima y el chile fresco. Servir con gajos de limón para exprimir y a comer.

CALORÍAS	GRASAS	GRASAS SATURADAS	PROTEÍNAS	CARBO-HIDRATOS	AZÚCARES	FIBRA	20 MINUTOS
360 kcal	16.9 g	3.1 g	16.9 g	35.7 g	7.1 g	5.6 g	

COLIFLOR ASADA AL ESTILO INDIO
CON PIÑA, CHILE Y ALIÑO

— Nuestra humilde pero supersabrosa amiga coliflor es muy rica en vitamina C y ácido fólico, dos elementos clave para la función cerebral, que nos ayuda a mantenernos alerta —

PARA 4 PERSONAS

2 coliflores grandes, si es posible de distintos colores (1.2 kg cada una)

½ piña mediana (600 g)

aceite de oliva

1 cucharadita colmada de semillas de hinojo y 1 de semillas de mostaza negra

30 g de almendras laminadas

400 g de garbanzos de lata

1 cucharadita rasa de cúrcuma en polvo

2 cucharaditas rasas de curry en polvo no muy picante

½ manojo de cilantro (15 g)

1 trozo de jengibre de 3 cm

1 limón real

2 cucharaditas de chutney de mango

200 g de yogur natural

1 chile rojo fresco

4 chapatas integrales

Precalentar el horno a 200 °C. Cortar las coliflores en ramitos, dejando las hojas exteriores más tiernas. En una olla grande con agua, cocer de 6 a 8 minutos, escurrir bien y poner en una fuente de horno grande. Pelar y quitar el corazón de la piña, cortar en trozos de 3 cm y añadir a la fuente con 1 cucharada de aceite, las semillas de hinojo y de mostaza y una pizca de sal marina y de pimienta negra. Mezclarlo todo y asar 30 minutos. Remover y añadir las almendras y los garbanzos escurridos, cocer otros 10 minutos, o hasta que la coliflor esté dorada.

Mientras, tostar la cúrcuma y el curry en polvo en una sartén sin grasa a fuego suave un par de minutos, hasta que desprendan olor, poner en una batidora con los tallos de cilantro. Pelar, laminar y añadir el jengibre con el jugo del limón, el chutney de mango y la mitad del yogur. Triturar hasta que esté homogéneo, añadir el resto de yogur y remover (se puede poner todo junto dentro, pero encuentro que hace el aliño demasiado claro). Sazonar al gusto y verter en una fuente grande.

Poner la mezcla de coliflor asada y piña encima del aliño, laminar el chile y esparcirlo por arriba, repartir las hojas de cilantro. Remover todo y servir con las chapatas calientes para mojar.

CALORÍAS	GRASAS	GRASAS SATURADAS	PROTEÍNAS	CARBO-HIDRATOS	AZÚCARES	FIBRA	50 MINUTOS
569 kcal	19.7 g	5.0 g	27.4 g	71.8 g	29.3 g	15.2 g	

ENSALADA DE ZANAHORIAS Y CALABAZA ASADAS, MIJO, MANZANA Y GRANADA

— El mijo es superrico en un tipo de vitamina B, la tiamina, que ayuda a mantener el corazón sano y funcionando correctamente. Esta ensalada aporta 3 de las 5 raciones de verdura diarias —

PARA 4 PERSONAS

½ calabaza moscada (600 g)

500 g de zanahorias

aceite de oliva

300 g de mijo

1 cucharada de vinagre de vino blanco

1 jalapeño fresco

1 puñado de rábanos

1 manzana

300 g de pimientos rojos asados y pelados en salmuera

4 cucharadas de mezcla de frutos secos tostados (véase página 228)

1 naranja

2 cucharadas de yogur natural

aceite de oliva extravirgen

½ granada

20 g de feta

Precalentar el horno a 180 °C. Con cuidado, cortar el extremo de la calabaza por la mitad y luego en trozos de 1 cm de grosor, quitar las semillas. Limpiar las zanahorias y cortar las más grandes por la mitad. En una fuente, mezclar todo con 1 cucharada de aceite de oliva y una pizca de sal marina y de pimienta negra. Asar durante 50 minutos, o hasta que estén blandas y ligeramente doradas. Mientras, cocer el mijo siguiendo las instrucciones del paquete, escurrir y poner en un recipiente grande.

Mezclar el vinagre con una pizca de sal en un recipiente. Laminar el jalapeño, los rábanos y la manzana, a ser posible con la mandolina (¡usa la protección!), añadirlos al bol, mezclar y reservar en el refrigerador hasta que se vaya a usar. Escurrir los pimientos, triturar en una batidora con los frutos secos, el jugo de naranja, el yogur y 1 cucharadita de aceite de oliva extravirgen hasta que esté homogéneo, probar y rectificar la sazón.

Añadir las verduras asadas y el aliño de pimientos al mijo y, con las manos limpias, estrujarlo todo junto hasta que adquiera un color anaranjado. Esparcir las verduras aliñadas por encima, sujetar ½ granada con la mano boca abajo y golpearla con una cuchara para hacer caer los granos por encima de la ensalada. Desmenuzar el queso feta y servir.

CALORÍAS	GRASAS	GRASAS SATURADAS	PROTEÍNAS	CARBO-HIDRATOS	AZÚCARES	FIBRA	1 HORA 10 MINUTOS
517 kcal	27.1 g	3.9 g	12.3 g	56.1 g	26.2 g	11.1 g	

ROBALO CRUJIENTE CON PURÉ DE CHÍCHAROS, MENTA Y ESPÁRRAGOS

— Esta cena sencilla tiene como protagonista al robalo (o lubina), que es superrico en vitamina B12, necesaria para fabricar glóbulos rojos sanos —

PARA 2 PERSONAS

300 g de papas

1 manojo de espárragos (300 g)

100 g de chícharos frescos desgranados

1 manojo de menta fresca (30 g)

1 chile rojo fresco

dos puñados de espinacas baby

40 g de queso cheddar curado

2 filetes de robalo (o de lubina) de 120 g, con piel, sin escamas ni espinas y con unos cortes

aceite de oliva extravirgen

2 limones

Lavar las papas, cortar en trozos de 3 cm y poner en una olla con agua hirviendo con sal 10 minutos. Mientras, para hacer la guarnición de ensalada, cortar los extremos duros de los espárragos. Sujetando bien el tallo, cortar 4 espárragos en tiras con un pelapapas, poner en un recipiente con un puñado de chícharos. Coger solo las hojitas más pequeñas de menta y añadirlas junto con el chile en rodajas finas (sin semillas si se desea), reservar.

Añadir el resto de los espárragos y de chícharos a la olla de las papas y cocer los últimos 3 minutos, escurrir, dejar secar 1 minuto y poner en un procesador. Añadir el resto de hojas de menta y las espinacas. Rallar el cheddar, poner en el procesador y triturar de nuevo hasta obtener la consistencia deseada (pulsar intermitentemente, pues si lo haces seguido quedaría muy pegajoso). Probar y sazonar al gusto.

Mientras, salar la piel del pescado y untar con 1 cucharadita de aceite. Poner los filetes con la piel hacia abajo en una sartén antiadherente fría y poner a fuego medio alto. Rallar la cáscara de limón por encima, cubrir con una hoja de papel de horno arrugada y húmeda y cocer unos 5 minutos. Es un método excelente para que el pescado quede con la piel crujiente y la carne se separe en lascas, sin tenerle que dar la vuelta.

Poner el puré en los platos al lado del robalo con la piel hacia arriba. Mezclar los chícharos crudos y las tiras de espárragos con el jugo de 1 limón y 1 cucharadita de aceite, disponerlo encima con cuidado. Servir con gajos de limón para exprimir por encima.

CALORÍAS	GRASAS	GRASAS SATURADAS	PROTEÍNAS	CARBO-HIDRATOS	AZÚCARES	FIBRA	30 MINUTOS
424 kcal	13.7 g	5.5 g	40.6 g	36.5 g	5.9 g	7.5 g	

CALAMARES DE PRIMAVERA CON CHÍCHAROS, ESPÁRRAGOS, HABAS Y VERDURAS

—   Estas verduras aportan 3 de nuestras 5 raciones diarias y más vitamina C de la que necesitamos   —
en un día. Las habas son ricas en ácido fólico, que utilizamos para fabricar proteínas

PARA 2 PERSONAS

250 g de calamares limpios
(pedir al pescadero que los
limpie)

1 cebolla

2 ramas de apio

aceite de oliva

100 g de espárragos

400 g de papas

1 cogollo de lechuga

100 g de habas frescas o
congeladas

100 g de chícharos frescos
o congelados

500 ml de caldo de pollo
o de verduras de calidad

1 limón real

1 chile fresco rojo o güero

2 ramitas de menta fresca

aceite de oliva extravirgen

Con un cuchillo pequeño hacer en el calamar unos cortes en forma de rejilla a intervalos de ½ cm, luego con un cuchillo afilado, cortar en tiras de ½ cm de grosor y reservar.

Pelar la cebolla, limpiar el apio, cortarlo todo bien pequeño y poner en una cacerola a fuego medio con 1 cucharada de aceite de oliva y un chorro de agua. Quitar los extremos duros de los espárragos, cortar los tallos en trozos de 1 cm y añadir a la cacerola, reservando las yemas. Pelar las papas y cortar en dados de 1 cm, agregar a la cazuela y cocerlo todo tapado unos 10 minutos, o hasta que las papas estén blandas, removiendo de vez en cuando.

Cortar la lechuga en juliana, añadir a la cacerola junto con las habas y las yemas de espárragos. Verter el caldo, llevar a ebullición. Poner el calamar por encima, tapar, bajar el fuego al mínimo y cocer a fuego lento 3 o 4 minutos, hasta que el calamar esté hecho. Exprimir la mitad del jugo del limón, probar y sazonar al gusto. Cortar el chile en rodajas y esparcirlo por encima, poner las hojitas de menta y acabar con unas gotas de aceite de oliva extravirgen. Servir con gajos de limón real.

CALORÍAS	GRASAS	GRASAS SATURADAS	PROTEÍNAS	CARBO-HIDRATOS	AZÚCARES	FIBRA	35 MINUTOS
468 kcal	13.1 g	2.1 g	34.9 g	55.8 g	11.2 g	11.1 g	

POLLO A LA CAZADORA CON CALABAZA, SETAS, TOMATES, ACEITUNAS Y PAN

Esta cena, ligera pero reconfortante, aporta los beneficios de las verduras, y el pollo cubre la mitad de las necesidades diarias de vitamina B12, que ayuda a producir glóbulos rojos sanos

PARA 4 PERSONAS

1 cebolla

1 puerro

4 dientes de ajo

2 rebanadas de panceta ahumada

2 ramitas de romero fresco

aceite de oliva

2 hojas de laurel fresco

½ calabaza moscada o 600 g de camotes

100 g de champiñones portobello

800 g de tomates pera en lata

250 ml de Chianti u otro vino tinto

4 muslos de pollo con hueso

8 aceitunas negras con hueso

200 g de pan integral con semillas

Precalentar el horno a 190 °C. Pelar la cebolla y cortar en octavos, limpiar y cortar el puerro y pelar y cortar los ajos. Poner una cacerola grande que pueda ir al horno a fuego medio. Cortar fina la panceta, picar pequeñas las hojas de romero, ponerlo en la cacerola con 1 cucharada de aceite y las hojas de laurel. Remover durante 2 minutos, añadir el ajo, luego la cebolla y el puerro. Rehogar 10 minutos, removiendo de vez en cuando.

Mientras, lavar y cortar la calabaza o los camotes en trozos del tamaño de un bocado, dejando la piel y retirando las semillas de la calabaza. Me gusta cortar el tallo y poner las setas boca arriba porque queda más bonito, luego añado todos los trozos a la cacerola junto con las setas enteras y la calabaza o los camotes cortados. Quitar la piel del pollo y desechar; añadir el pollo a la cazuela. Verter el vino y dejar reducir un poco, añadir los tomates y aplastarlos con una cuchara de madera. Llenar la mitad de las latas de tomates con agua, verter en la cacerola y mezclarlo todo. Deshuesar las aceitunas, añadir al guiso. Cocer a fuego lento, luego poner en el horno y dejar 1 hora, hasta que la salsa espese, el pollo se desprenda del hueso y la calabaza o los camotes estén tiernos. Rectificar la sazón y servir en la misma cazuela para poder mojar esta sabrosa salsa.

CALORÍAS	GRASAS	GRASAS SATURADAS	PROTEÍNAS	CARBO- HIDRATOS	AZÚCARES	FIBRA	1 HORA 20 MINUTOS
421 kcal	12.2 g	2.7 g	25.2 g	45.1 g	17.1 g	9.1 g	

SOPA DE PESCADO CON MACARELA, MEJILLONES Y CUSCÚS

Tanto la macarela como los mejillones son superricos en selenio y yodo, que ayudan a funcionar a nuestra glándula tiroides, y, por lo tanto, a regular nuestro metabolismo

PARA 2 PERSONAS

2 filetes de macarela de 120 g
   cada uno, con piel, sin escamas
   ni espinas y con unos cortes
   (guardar la cabeza y las espinas)

pimienta de cayena

1 cucharadita colmada
   de semillas de hinojo

1 cucharadita colmada
   de semillas de cilantro

2 dientes de ajo

1 ramita de romero fresco

1 limón real

500 ml de caldo de verduras
   de calidad

400 g de tomates pera en lata

100 g de cuscús integral

2 papas pequeñas

2 zanahorias

200 g de mejillones, limpios
   y sin barbas

½ manojo de perejil o de albahaca
   frescos (15 g)

Poner una olla a fuego medio alto, añadir la cabeza de la macarela (sin las agallas) y las espinas, rehogar 5 minutos. Echar una buena pizca de pimienta de cayena, las semillas de hinojo y de cilantro. Incorporar los ajos machacados, las hojas de romero y la cáscara del limón en tiras, cortada con un pelador de verduras. Rehogar 3 minutos para que desprendan todos sus aromas, cubrir con el caldo y añadir los tomates. Llevar a ebullición y cocer a fuego lento 15 minutos.

En un recipiente, cubrir el cuscús con agua hirviendo, poner un plato encima y dejar que se esponje. Lavar las papas y las zanahorias, cortar en dados de 1 cm y poner en una cacerola. Colocar un colador encima y verter el caldo apretando las verduras con un cucharón para extraer todo el caldo, desechar las verduras. Cocer las papas y las zanahorias en el caldo 15 minutos, o hasta que estén tiernas. Añadir 300 ml de agua hirviendo y los mejillones (desechar los que estén abiertos). Tapar y cocer 5 minutos, hasta que todos los mejillones estén abiertos (tirar los que no se abran). Cuando está listo, me gusta echar un puñado de chícharos frescos.

Al mismo tiempo, poner los filetes con la piel hacia abajo en una sartén antiadherente sin grasa a fuego medio, con una pizca de pimienta de cayena. Cocer 4 minutos, o hasta que estén crujientes; no hay que moverlos hasta que estén listos. Darles la vuelta y cocer 30 segundos más, servir encima del cuscús en un plato sopero caliente. Picar las hojas de perejil o de albahaca y añadir a la sopa con el jugo del limón, sazonar y verter en los recipientes.

CALORÍAS	GRASAS	GRASAS SATURADAS	PROTEÍNAS	CARBO-HIDRATOS	AZÚCARES	FIBRA	45 MINUTOS
583 kcal	22.9 g	4.4 g	39.6 g	58.3 g	12.2 g	8.7 g	

ALUBIAS Y FUSILLI CON PUERROS, ALCACHOFAS Y ACEITE DE LAUREL

— Las alubias blancas, ricas en proteínas, y las verduras llenas de micronutrientes aportan 3 de nuestras 5 raciones de verdura diarias, por lo que constituyen una excelente comida sin carne —

PARA 4 PERSONAS

2 dientes de ajo

2 zanahorias

2 puerros

aceite de oliva

8 hojas de laurel fresco

400 g de alubias blancas de lata

400 g de alcachofas de lata

500 ml de caldo de verduras de calidad

300 g de fusilli integrales

20 g de parmesano

4 ramitas de perejil fresco

Pelar los ajos y picarlos finamente. Pelar las zanahorias y cortarlas en trozos de ½ cm, limpiar, lavar y cortar los puerros en trozos de ½ cm. Poner una cacerola grande a fuego medio alto con 1 cucharada de aceite. Añadir el ajo y, un minuto después las zanahorias, los puerros y 2 hojas de laurel. Verter un chorrito de agua, tapar, bajar el fuego y cocer 15 minutos, removiendo de vez en cuando, hasta que las verduras estén blandas.

Escurrir las alubias y añadirlas, junto con las alcachofas escurridas y cortadas en cuatro. Verter el caldo, llevar a ebullición, cocer a fuego lento 15 minutos para que se mezclen los sabores. Mientras, cocer la pasta en una olla con agua con sal siguiendo las instrucciones del paquete. Verter 2 cucharones del agua de cocción de la pasta en la cacerola con las verduras, escurrir la pasta y añadirla. Sazonar al gusto, dejar un par de minutos para que se adhieran a la pasta todos los ingredientes.

Mientras, para elaborar un aceite rápido de laurel, desmenuzar el resto de hojas de laurel sin los tallos en un molcajete con una pizca de sal marina. Machacarlas bien hasta obtener una pasta verde y fina. Mezclar con 150 ml de aceite, poner en un recipiente y reservar. Servir cada ración de pasta con parmesano rallado, un poco de pimienta negra, perejil picado y 1 cucharadita de aceite de laurel.

CALORÍAS	GRASAS	GRASAS SATURADAS	PROTEÍNAS	CARBO-HIDRATOS	AZÚCARES	FIBRA	40 MINUTOS
496 kcal	11.2 g	2.4 g	23.4 g	74.0 g	8.7 g	17.8 g	

DELICIOSO CALDO DE MISO Y POLLO CON SETAS Y ARROZ SALVAJE

— El arroz salvaje es mucho más nutritivo que el arroz normal y constituye una buena fuente de magnesio y fósforo, excelentes para mantener los dientes y la piel sanos —

PARA 2 PERSONAS

150 g de arroz integral mezclado con arroz salvaje o de arroz integral solo

20 g de setas deshidratadas (*Boletus edulis*)

1 cebolla morada

aceite de ajonjolí

1 trozo de jengibre de 5 cm

1 cucharadita colmada de pasta de miso

800 ml de caldo de pollo de calidad

6 rábanos

vinagre de vino blanco o de arroz

1 pechuga de pollo sin piel de 200 g

un puñado de col kale

1 hoja de nori

150 g de setas variadas como enokis, champiñones portobello, shiitakes

Cocer el arroz siguiendo las instrucciones del paquete. Poner las setas secas en un recipiente con agua hirviendo para rehidratarlas.

Mientras, pelar la cebolla, cortar a octavos y poner en una cacerola mediana a fuego medio alto con 1 cucharadita de aceite de ajonjolí. Rehogar unos minutos, o hasta que esté bien dorada, removiendo de vez en cuando, pelar y cortar el jengibre en bastoncitos. Bajar el fuego, añadir el jengibre, la pasta de miso y el caldo, junto con las setas rehidratadas con su agua, vigilando que no caigan los restos del fondo. Tapar y cocer a fuego lento 20 minutos. Cortar los rábanos por la mitad, ponerlos en un recipiente, aliñar con un poco de vinagre y una pizca de sal marina, reservar para que queden encurtidos.

Cortar el pollo, el nori y la col kale, sin los tallos duros, en trozos pequeños. Cortar las setas, dejando enteras las más pequeñas y añadirlo todo a la cacerola. Tapar de nuevo y cocer 4 minutos, hasta que el pollo esté hecho. Escurrir el arroz y repartir entre los recipientes, poner los rábanos encima. Sazonar el caldo, verterlo en los recipientes con un cucharón y servir.

CALORÍAS	GRASAS	GRASAS SATURADAS	PROTEÍNAS	CARBO-HIDRATOS	AZÚCARES	FIBRA	40 MINUTOS
522 kcal	8.1 g	1.9 g	45.1 g	70.4 g	5.3 g	5.5 g	

LENGUADO CON SALSA DE ACEITUNAS, CALABACITAS Y PAPAS

___ Las calabacitas y las espinacas tienen ácido fólico y vitamina C, que ayudan al funcionamiento cerebral, y el lenguado añade la dosis diaria de selenio, para una piel y uñas fuertes ___

PARA 2 PERSONAS

2 calabacitas grandes
  de distintos colores

4 dientes de ajo

aceite de oliva extravirgen

250 g de papas Jersey Royal
  o nuevas pequeñas

6 aceitunas negras con hueso

1 cebollín

1 chile rojo o verde fresco

½ manojo de menta fresca (15 g)

2 limones reales

150 g de espinacas baby

2 filetes de lenguado de 120 g,
  sin piel

Cortar las calabacitas en cuatro longitudinalmente, retirar y desechar el corazón y cortar al bies en trozos de 2 cm. Pelar los ajos y cortar finos. Poner una cacerola grande a fuego medio con 1 cucharada de aceite. Añadir los ajos y, un minuto después las calabacitas. Remover bien, tapar y rehogar 15 minutos, removiendo de vez en cuando. Retirar la tapadera, bajar el fuego y rehogar 5 minutos más, hasta que esté caramelizado.

Mientras, cortar por la mitad las papas más grandes, cocer en una olla con agua con sal por 15 minutos o hasta que estén cocidas, escurrir. Deshuesar las aceitunas, limpiar el cebollín, cortarlo todo pequeño junto con el chile (sin semillas si se desea). Picar las hojas de menta. Mezclarlo todo en un bol con el jugo de 1 limón real y 1 cucharada de aceite para hacer la salsa.

Aplastar un poco las papas, incorporarlas a las calabacitas con las espinacas y poner los filetes de lenguado encima de las verduras. Tapar de nuevo y dejar cocer al vapor 7 minutos, o hasta que el pescado esté hecho, ¡se cuece superrápido! Poner en un platón, añadir la salsa de aceitunas por encima del pescado y servir con gajos de limón real.

CALORÍAS	GRASAS	GRASAS SATURADAS	PROTEÍNAS	CARBO-HIDRATOS	AZÚCARES	FIBRA	40 MINUTOS
374 kcal	16.3 g	2.5 g	30.2 g	27.9 g	7.3 g	5.3 g	

CURRY DE SETAS CON LENTEJAS, ARROZ INTEGRAL Y PAPADAMS

— Las setas son una gran fuente de las diversas vitaminas B, esenciales para un metabolismo adecuado y la absorción eficiente de la energía y los nutrientes de los alimentos que ingerimos —

PARA 2 PERSONAS

100 g de arroz basmati integral

50 g de lentejas rojas partidas

300 ml de leche entera

1 limón real

2 dientes de ajo

1 trozo de jengibre de 3 cm

1 chile pasilla fresco

1 cucharada de hojas de curry

1 cucharadita de semillas de mostaza negra

aceite de oliva

1 cucharadita colmada de curry en polvo, no muy picante

1 cebolla

400 g de setas variadas

250 g de tomates maduros

2 papadams sin cocer

Cocer el arroz y las lentejas en una olla con agua con sal siguiendo las instrucciones del paquete (se deberían cocer aproximadamente en el mismo tiempo, pero puede haber variaciones, hay que comprobar y ajustar el tiempo a cada ingrediente). Verter la leche, es importante que sea entera, en un bol que pueda calentarse con una pizca de sal marina y el jugo del limón; poner encima de la olla del arroz para que se caliente y la leche se separe en grumos y se cuaje, no hay que removerla.

Pelar los ajos y el jengibre, laminarlos finos junto con el chile y poner en una cacerola grande a fuego medio con las hojas de curry, las semillas de mostaza y 1 cucharada de aceite. Rehogar 2 minutos, hasta que estén ligeramente dorados, añadir el curry en polvo y remover. Pelar y cortar fina la cebolla y agregar a la cacerola. Cortar las setas por la mitad o en cuatro, dejando enteras las más pequeñas para tener variedad de tamaños, incorporar a la cazuela con una pizca de sal marina y de pimienta negra y un chorrito de agua. Cocer 10 minutos, o hasta que estén blandas, removiendo a menudo. Subir el fuego y cocer 5 minutos más, hasta que estén un poco doradas.

Cuando la leche se haya cuajado, verterla alrededor de la cazuela con las setas. Cortar los tomates en rodajas, añadirlos y cocer a fuego lento de 5 a 10 minutos sin remover, solo agitar la cacerola de vez en cuando hasta que el líquido se haya reducido y despida un intenso aroma. Los grumos de la leche se irán deshaciendo y se integrarán en la salsa. Poner los papadams, de uno en uno, en el microondas 30 segundos cada uno y servir con el curry de setas, el arroz y las lentejas.

CALORÍAS	GRASAS	GRASAS SATURADAS	PROTEÍNAS	CARBO-HIDRATOS	AZÚCARES	FIBRA	45 MINUTOS
552 kcal	18.1 g	5.6 g	23.1 g	79.6 g	18.2 g	8.3 g	

SALMÓN ASADO CON TÉ VERDE, ARROZ CON JENGIBRE Y ENSALADA

— Esta receta incluye el jugoso mango, lleno de vitamina C, muy importante para mantener nuestro sistema inmunológico en óptimas condiciones —

PARA 2 PERSONAS

150 g de arroz integral

1 cola de salmón de 500 g, con piel, sin escamas y con espina

1 bolsita de té verde

aceite de ajonjolí

1 diente de ajo

320 g de verduras varias para ensalada, como zanahorias, pepino, tomate, endivias

1 mango pequeño maduro

1 limón

salsa de soya baja en sal

1 chile rojo fresco

1 trozo de jengibre de 3 cm

1 cucharadita de semillas de ajonjolí

½ barqueta de germinado de berros

Precalentar el horno a 180 °C. Cocer el arroz siguiendo las instrucciones del paquete, escurrir. Mientras, hacer unos cortes en la piel del salmón de 1 cm de profundidad y a intervalos de 2 cm, poner en una fuente de horno ajustada al tamaño de la cola (se puede hacer con un filete de 300 g si se prefiere). Sazonar con sal marina y pimienta negra y el contenido de la bolsa de té verde, untar con 1 cucharadita de aceite de ajonjolí, procurando que penetre en los cortes. Pelar y laminar fino el ajo y poner una rodaja en cada corte. Hornear por 25 minutos, o hasta que esté hecho (o 15 minutos si se hace con un filete).

Preparar todas las ensaladas, cortándolas en trozos del tamaño de un bocado o en rodajas, que sea fácil de comer. Pelar, cortar la pulpa del mango y ponerla en un bol junto con las ensaladas. Aprovechar todo el jugo que salga del mango al cortarlo y poner en otro bol con el jugo de limón y salsa de soya al gusto. Quitar las semillas y cortar bien pequeña el chile y añadirlo al aliño, mezclar con las ensaladas y el mango.

Pelar y cortar el jengibre en juliana y poner en una sartén a fuego medio con 1 cucharadita de aceite de ajonjolí y las semillas de ajonjolí. Rehogar 2 minutos hasta que empiece a estar crujiente, removiendo a menudo, incorporar el arroz y sazonar al gusto. Cortar los germinados por encima de la ensalada, servir con el salmón y el arroz.

CALORÍAS	GRASAS	GRASAS SATURADAS	PROTEÍNAS	CARBO-HIDRATOS	AZÚCARES	FIBRA	35 MINUTOS
600 kcal	21.4 g	3.9 g	37.8 g	70.0 g	6.3 g	3.9 g	

SOLOMILLO DE TERNERA A LA PLANCHA CON PIMIENTOS Y TABULE DE ARROZ

— La ternera y la granada son ricas en vitaminas del grupo B, que activan el metabolismo y las funciones del sistema nervioso e inmunológico, y nos ayudan a sentirnos menos cansados —

PARA 2 PERSONAS

150 g de arroz integral

½ manojo de menta fresca (15 g)

1 manojo de perejil fresco (30 g)

2 cebollines

1 limón real

aceite de oliva extravirgen

½ granada

25 g de pistaches pelados sin sal

200 g de pimientos rojos asados y pelados en salmuera

1 solomillo de ternera de 200 g, preferiblemente de 3 cm de grosor

10 g de feta

Cocer el arroz siguiendo las instrucciones del paquete, escurrir y poner en un bol. Picar pequeñas las hojas de perejil y de menta, junto con los tallos más tiernos. Limpiar y picar finos los cebollines, mezclar con el arroz y las hierbas aromáticas, el jugo y la ralladura del limón, 1 cucharada de aceite y una pizca de pimienta negra. Cortar la granada por la mitad, sujetar una mitad boca abajo y golpearla para hacer caer los granos, mezclarlos casi todos con el arroz, probar y sazonar al gusto.

Precalentar la plancha a fuego alto; mientras se calienta, poner encima los pistaches para que se tuesten. Cuando estén dorados, machacarlos en un molcajete y mezclarlos casi todos con el arroz. Untar un papel de cocina con aceite y pasarlo por la plancha. Escurrir los pimientos, abrirlos y asarlos en la plancha por ambos lados, reservar en un plato. Sazonar el solomillo con una pizca de sal marina y de pimienta, asar de 2 a 3 minutos por cada lado hasta que esté al punto o poco hecho, o hasta la cocción deseada, dando la vuelta cada minuto. Dejar reposar la carne un par de minutos encima de los pimientos y poner el arroz en una fuente. Pasar la carne y los pimientos por los jugos de cocción, cortar el solomillo en rebanadas, añadir ambos a la fuente y desmenuzar el queso feta por encima. Esparcir el resto de granos de granada y de pistaches y servir.

CALORÍAS	GRASAS	GRASAS SATURADAS	PROTEÍNAS	CARBO-HIDRATOS	AZÚCARES	FIBRA	30 MINUTOS
597 kcal	22.0 g	5.0 g	33.7 g	69.7 g	7.7 g	4.1 g	

POLLO CON JENGIBRE, ARROZ INTEGRAL, VERDURAS CRUJIENTES Y SALSA

— El pollo es una carne excelente, más magra que muchas otras, y con un alto contenido en vitaminas B, más el selenio que, entre otras cosas, «levanta el ánimo»: ¡arriba! —

PARA 6 PERSONAS

1 pollo entero de 1.4 kg

4 chiles frescos de distintos colores

3 trozos de jengibre de 5 cm

1 cabeza de ajos

1 manojo de cebollines

½ manojo de cilantro (15 g)

1 cucharadita de vinagre de sidra

salsa de soya baja en sal

2 cucharadas de vinagre balsámico

1 cucharadita de salsa Worcestershire

salsa picante

400 g de arroz integral

1 pepino

Poner el pollo en una olla grande con los chiles y una buena pizca de sal marina. Cortar por la mitad a lo largo dos trozos de jengibre. Reservar 1 diente de ajo y cortar la cabeza por la mitad a lo ancho. Cortar la parte verde de los cebollines, reservar 2 cm de las puntas y la parte blanca. Añadir a la olla con los tallos de cilantro, y llenar con agua para que el pollo quede bien sumergido. Llevar a ebullición a fuego alto, luego cocer a fuego lento 2 horas, espumando y retirando la grasa. Yo le pongo una tapadera pequeña encima del pollo para que quede bien sumergido.

Para elaborar las salsas, pelar y rallar fino el resto de jengibre y el ajo reservado, poner en un recipiente con el jugo que suelta. Cortar pequeños los 2 cm de cebollín reservados y mezclar en el recipiente con el vinagre de sidra y 1 cucharadita de soya. En otro recipiente, mezclar 1 cucharadita de soya con el vinagre balsámico y la salsa Worcestershire. Verter un poco de salsa de chile.

Cocer el arroz siguiendo las instrucciones del paquete, escurrir. Mientras, cortar los cebollines reservadas a lo largo. Cortar el pepino en cuatro a lo largo, retirar el centro acuoso, cortar por la mitad y de nuevo a lo largo en tiras largas. Retirar el pollo del caldo con cuidado y desechar la piel, cortar la carne en tiras o en trozos retirando los huesos (con guantes si se desea). Repartir el pollo entre los recipientes calientes con el arroz, el pepino y el cebollín. Colar el caldo, rectificar la sazón si fuera necesario, y repartir entre los recipientes con un cucharón. Esparcir las hojas de cilantro y servir con los recipientes de salsa a un lado. Mezclarlo todo y ¡al ataque!

CALORÍAS	GRASAS	GRASAS SATURADAS	PROTEÍNAS	CARBO-HIDRATOS	AZÚCARES	FIBRA	2 HORAS 20 MINUTOS
442 kcal	9.1 g	2.5 g	31.8 g	61.6 g	6.4 g	2.4 g	

PESCADO CON VERDURAS
Y FIDEOS SALTEADOS

— El pargo (o besugo) es superrico en fósforo, que ayuda a mantener las células en óptimas —
condiciones y garantiza que reciban todo lo que necesitan para funcionar correctamente

PARA 2 PERSONAS

aceite de ajonjolí

1 cucharadita colmada de cinco
  especias chinas

1 pargo de 300 g, sin escamas
  ni tripas y con unos cortes
  a intervalos de 2 cm

150 g de fideos integrales
  de arroz

2 dientes de ajo

1 trozo de jengibre de 5 cm

1 chile rojo fresco

100 g de ramitos tiernos
  de brócoli

100 g de espárragos

100 g de elotes mini

4 cebollines

1 cucharada de vinagre balsámico

1 limón

salsa de soya baja en sal

Precalentar el horno a 180 °C. Poner un chorrito de aceite de ajonjolí en una cazuela que pueda ir al horno o en una fuente de horno, untarla toda pasando un papel de cocina, sazonar el pargo con las cinco especias y una pizca de sal marina, por dentro y por fuera, colocar en la fuente —me gusta poner el pescado de pie, como en la foto. Asar 15 minutos, o hasta que esté dorado y hecho por dentro. El pescado debe quedar jugoso por dentro y con la piel crujiente, así resulta delicioso.

Cocer los fideos siguiendo las instrucciones del paquete, escurrir. Mientras, pelar los ajos y el jengibre, cortarlos junto con el chile. Retirar los extremos duros del brócoli y de los espárragos, cortar los tallos dejando enteras las yemas. Cortar los elotitos por la mitad a lo largo, limpiar y cortar los cebollines.

Poner una sartén grande o un wok a fuego alto. Cuando esté caliente, añadir 1 cucharada de aceite de ajonjolí, el ajo, el jengibre y el chile. Saltear 1 minuto, añadir las verduras y rehogar 2 minutos, removiendo a menudo. Incorporar los fideos escurridos y el vinagre, saltear 2 minutos más, dejar hasta que los fideos empiecen a pegarse. Repartir entre los platos, y servir con el pargo, gajos de limón y salsa de soya para rectificar la sazón. Hay que entretenerse un poco para separar la carne de la espina, luego ¡a comer!

CALORÍAS	GRASAS	GRASAS SATURADAS	PROTEÍNAS	CARBO-HIDRATOS	AZÚCARES	FIBRA	25 MINUTOS
423 kcal	12.3 g	1.3 g	35.0 g	43.0 g	8.6 g	4.2 g	

CERDO CON SALSA DE MANZANA, ZANAHORIAS GLASEADAS, ARROZ INTEGRAL Y VERDURAS

— El cerdo es una gran fuente de vitaminas del grupo B y especialmente rico en tiamina, que necesitamos para mantener sano el corazón. Suma los beneficios de las verduras y el arroz, ¡genial! —

PARA 2 PERSONAS

2 manzanas verdes

1 trozo de jengibre de 1 cm

150 g de arroz integral

200 g de zanahorias pequeñas

200 g de ramitos tiernos de brócoli

220 g de solomillo magro de cerdo

1 nuez moscada entera para rallar

8 hojas de salvia fresca

aceite de oliva

2 naranjas

2 cucharadas de yogur natural

Cortar las manzanas en cuatro y retirar el corazón, pelar y picar fino el jengibre y ponerlo y ponerlo todo en una olla con 300 ml de agua hirviendo. Hervir 10 minutos, removiendo de vez en cuando. Verter el contenido de la olla en una batidora y triturar hasta que esté homogéneo. Enjuagar la olla, poner de nuevo en el fuego y cocer el arroz siguiendo las instrucciones del paquete. Poner las zanahorias en un colador encima de la olla, tapar y cocer al vapor 20 minutos, ponerlas en un plato. Poner el brócoli en el colador y cocer al vapor los últimos 5 minutos, reservar y escurrir el arroz.

Mientras, sazonar el cerdo con una pizca de sal marina y pimienta negra, rallar bien fina una cuarta parte de la nuez moscada, restregar bien las hojas de salvia por los dos lados de la carne. Poner 1 cucharada de aceite en una sartén grande a fuego medio, añadir el cerdo y las zanahorias. Saltear el cerdo 4 minutos por cada lado, según el grosor del solomillo, o hasta que esté hecho y dorado.

Poner el cerdo encima de una tabla y dejar reposar unos minutos. Bajar el fuego al mínimo, exprimir el jugo de las naranjas por encima de las zanahorias, agitar la sartén para que queden bien cubiertas y se despeguen los trozos del fondo, dejar cocer hasta obtener un glaseado almibarado. Cortar el cerdo y servir con el arroz, el brócoli y las zanahorias. Mezclar el yogur con la mitad de la salsa de manzana (guardar el resto para otra ocasión) y servir a un lado. Regar con los jugos de la sartén y ¡buen provecho!

CALORÍAS	GRASAS	GRASAS SATURADAS	PROTEÍNAS	CARBO- HIDRATOS	AZÚCARES	FIBRA	50 MINUTOS
579 kcal	10.6 g	3.3 g	36.6 g	90.0 g	28.3 g	9.2 g	

BOCADILLOS Y BEBIDAS

Los bocadillos tienen esa extraña propiedad de inclinar la balanza de nuestras calorías diarias hacia el lado equivocado, ¡sin que nos demos cuenta! ¡Es tan fácil consumir una gran cantidad de calorías con poco valor nutricional! Por muy deliciosos que puedan ser algunos tentadores tentempiés, deben disfrutarse como lo que son, como tentempiés, así que el objetivo de este capítulo es proporcionarte algunas opciones para que puedas comerlos a menudo. Para no complicarle la vida a nadie, todas las recetas están alrededor de las 100 calorías, de modo que te será muy fácil hacer un seguimiento de la cantidad que consumes a lo largo del día. Incluso si solo te decantas por estas opciones la mitad de las veces, estoy seguro de que notarás los beneficios. También me he divertido un poco homenajeando a la humilde H_2O y he incluido algunas maneras sabrosas de disfrutar de ella.

ENSALADAS LIGERAS CON 100 CALORÍAS PRIMERA PARTE

Cuando te asalte el apetito entre comidas, en vez de lanzarte sobre las papas fritas, toma un plato de estas ensaladas, pues su alto contenido de agua te ayudará a sentirte lleno

ADEREZO CREMOSO DE ALBAHACA Para 3 raciones de ensalada. Triturar **4 cucharadas de yogur natural** con **1 cucharada de vinagre de vino blanco**, **1 cucharadita de mostaza de Dijon**, las hojas de **4 ramitas de albahaca fresca**, **¼ de chile rojo fresco** y una pizca de sal y de pimienta negra hasta que esté bien homogéneo.

MEZCLA DE SEMILLAS TOSTADAS Se puede preparar una buena cantidad para usar en estas ensaladas o como tentempié en cualquier ocasión. Basta con tostar una mezcla de **tus semillas favoritas, como de girasol, de amapola, de ajonjolí, de linaza**, en una sartén sin grasa, removiendo a menudo, hasta que desprendan su aroma. Dejarlas enteras o machacarlas un poco en un molcajete.

CADA ENSALADA PARA 1 PERSONA

ENSALADA DE LECHUGA, RÁBANOS, CHÍCHAROS Y CLEMENTINA Cortar **1 cogollo pequeño** de lechuga y mezclar con **2 rábanos en cuartos**, un puñadito de chícharos frescos desgranados, **1 clementina en gajos**, las hojitas de **2 ramas de albahaca fresca** y **½ cucharada de la mezcla de semillas tostadas**. Aderezar con **1½ cucharadas de aderezo cremoso de albahaca** justo antes de comerla.

ENSALADA DE LECHUGA FRANCESA, HINOJO, ARÁNDANOS Y CHILE Cortar **½ lechuga francesa**, quitar los extremos de **¼ de bulbo de hinojo** y laminarlo fino, a ser posible con la mandolina (¡usa la protección!), y mezclar con **25 g de arándanos**, una pizca de hojuelas de chile rojo seco y **½ cucharada de la mezcla de semillas tostadas**. Aderezar con **1½ cucharadas de aliño cremoso de albahaca** justo antes de comerla.

ENSALADA DE LECHUGA, PEPINO, MANZANA Y MENTA Cortar **1 cogollo pequeño de lechuga**, cortar en láminas **un trozo de pepino de 4 cm** y **½ manzana**, preferiblemente con un cuchillo ondulado, y mezclar con las hojitas de **2 ramas de menta fresca** y **½ cucharada de la mezcla de semillas tostadas**. Aderezar con **1½ cucharadas de aderezo cremoso de albahaca** justo antes de comerla.

CALORÍAS	GRASAS	GRASAS SATURADAS	PROTEÍNAS	CARBO-HIDRATOS	AZÚCARES	FIBRA	15 MINUTOS
100 kcal	4.8 g	1.1 g	4.8 g	11.2 g	9.8 g	4.0 g	

ESTOS VALORES SON UN PROMEDIO DE LAS TRES RECETAS DE ARRIBA

ENSALADAS LIGERAS CON 100 CALORÍAS SEGUNDA PARTE

Estas simpáticas y nutritivas ensaladas nos ofrecen una gran variedad de vitaminas y minerales esenciales, que la grasa de la mezcla de frutos secos tostados nos ayudará a absorber

ADEREZO CREMOSO DE MENTA Para 3 raciones de ensalada. Triturar en un procesador de alimentos **4 cucharadas de yogur natural** con **1 cucharada de vinagre de vino blanco, 1 cucharadita de mostaza de Dijon,** las hojas de **3 ramitas de menta fresca,** ¼ **de chile rojo fresco** y una pizca de sal y de pimienta negra hasta que esté bien homogéneo.

MEZCLA DE FRUTOS SECOS TOSTADOS Se puede preparar una buena cantidad para usar en estas ensaladas o para los desayunos. Basta con tostar una mezcla de **tus frutos secos favoritos, sin sal y sin cáscara, como nueces, pistaches, almendras, avellanas,** en una sartén sin grasa hasta que desprendan su aroma, removiendo a menudo. Dejarlos enteros o machacarlos un poco en un molcajete.

CADA ENSALADA PARA 1 PERSONA

ENSALADA DE LECHUGA ICEBERG, CALABACITA, PERA Y ENELDO Cortar ¼ **de lechuga iceberg,** cortar en tiras **2 calabacitas pequeñas** con un pelapapas, laminar fina ½ **pera** y mezclar con las hojas de **2 ramas de eneldo fresco** y **1 cucharadita de la mezcla de frutos secos tostados.** Aderezar con **1½ cucharadas de aderezo cremoso de menta** justo antes de comerla.

ENSALADA DE LECHUGA FRANCESA, ESPÁRRAGOS, FRESAS Y MENTA Cortar ½ **lechuga francesa,** cortar por la mitad **5 fresas pequeñas** y cortar en tiras **3 espárragos** con un pelapapas, mezclar con las hojitas de **2 ramas de menta fresca** y **1 cucharadita de la mezcla de frutos secos tostados.** Aderezar con **1½ cucharadas de aderezo cremoso de menta** justo antes de comerla.

ENSALADA DE LECHUGA ICEBERG, HABAS, UVA Y ESTRAGÓN Cortar ¼ **de lechuga iceberg,** mezclar con **un puñado pequeño de habas frescas desgranadas, 6 granos de uva enteros o cortados por la mitad,** las hojas de **2 ramas de estragón fresco** y **1 cucharadita de la mezcla de frutos secos tostados.** Aderezar con **1½ cucharadas de aderezo cremoso de menta** justo antes de comerla.

CALORÍAS	GRASAS	GRASAS SATURADAS	PROTEÍNAS	CARBO-HIDRATOS	AZÚCARES	FIBRA	15 MINUTOS
100 kcal	4.5 g	1.1 g	5.1 g	10.2 g	9.0 g	3.1 g	

ESTOS VALORES SON UN PROMEDIO DE LAS TRES RECETAS DE ARRIBA

HUMMUS CASERO

Los garbanzos son ricos en proteínas, fibra y más de diez micronutrientes, incluida una considerable cantidad de cobre, que mantiene el cabello y la piel sanos y con buen aspecto

PARA 8 PERSONAS

Esta receta exige una lata de garbanzos de muy buena calidad, porque tienen mejor sabor y así se garantiza un resultado excelente. Verter **600 g de garbanzos de lata** con su jugo en una batidora. Añadir **1 cucharadita de tahína, 2 cucharadas de yogur natural, ½ diente de ajo pelado, el jugo de ½ limón real** y **una pizca de pimienta de cayena**, triturar hasta que esté homogéneo. Probar y sazonar al gusto, servir con un poco más de pimienta. Si quieres un tentempié magnífico, sirve una ración de hummus con **80 g de hortalizas crudas de temporada**.

CALORÍAS	GRASAS	GRASAS SATURADAS	PROTEÍNAS	CARBO-HIDRATOS	AZÚCARES	FIBRA	5 MINUTOS
99 kcal	2.5 g	0.5 g	5.9 g	13.3 g	0.8 g	4.0 g	

SALSA DE BETABEL Y RÁBANO PICANTE

El betabel es una verdura preciosa, superrica en ácido fólico, ideal para las embarazadas. En cuanto a los demás mortales, todos necesitamos folato para sintetizar proteínas

PARA 4 PERSONAS

Picar gruesas **250 g de betabeles al vacío**, poner en una batidora con su jugo y con **2 cucharadas colmadas de yogur natural, una pizca de sal marina y de pimienta negra, 1 cucharadita de vinagre de vino tinto** y **2 cucharaditas colmadas de rábano picante rallado en conserva** o, mejor, de **rábano picante fresco rallado**. Triturar hasta que esté homogéneo, probar y rectificar la sazón, servir con más rábano picado rallado por encima ¡si te atreves! Si quieres un tentempié magnífico, sirve una ración de esta salsa con **80 g de hortalizas crudas de temporada**.

CALORÍAS	GRASAS	GRASAS SATURADAS	PROTEÍNAS	CARBO-HIDRATOS	AZÚCARES	FIBRA	5 MINUTOS
60 kcal	1.1 g	0.4 g	1.7 g	10.8 g	10.1 g	3.3 g	

BOCADILLOS SANOS DE PAPADAMS CON CUATRO SABROSAS COMBINACIONES

Los papadams de harina de garbanzo no contienen gluten y son ricos en proteínas.
Combinados con requesón, también rico en proteínas, el apetito se mantendrá a raya

CADA UNO PARA 1 PERSONA

REQUESÓN, CHILE Y SEMILLAS

Poner **1 papadam** en el microondas 30 segundos para que esponje. Poner encima **1 cucharada de requesón**, ¼ de chile fresco laminado muy fino y una cebolla morada pequeña pelada y picada fina aliñada con **jugo de limón real**. Esparcir **1 cucharadita de semillas de girasol y de amapola** y ¡buen provecho!

REQUESÓN, TOMATE Y ALBAHACA

Poner **1 papadam** en el microondas 30 segundos para que esponje. Poner encima **1 cucharada de requesón**, un puñado pequeño de tomates maduros de colores cortados y unas hojitas de albahaca fresca. Sazonar con una pizca de sal marina, regar con **un poco de vinagre balsámico** y ¡buen provecho!

REQUESÓN Y CHUTNEY DE MANGO

Poner **1 papadam** en el microondas 30 segundos para que esponje. Poner encima **1 cucharada de requesón**, desleír **2 cucharaditas de chutney de mango** con unas gotas de agua y poner por encima. Esparcir **3 ramas de cilantro** picado con **una pizca de semillas de ajonjolí** y ¡buen provecho!

REQUESÓN Y VERDURAS ENCURTIDAS

Poner **1 papadam** en el microondas 30 segundos para que esponje. Poner encima **1 cucharada de requesón**. Rallar gruesa ½ zanahoria pequeña y un trozo de pepino de 2 cm, estrujar con ½ **cucharadita de vinagre de vino blanco** y ½ **cucharadita de salsa de soya baja en sal**, repartir por encima **una pizca de semillas de ajonjolí** y ¡buen provecho!

CALORÍAS	GRASAS	GRASAS SATURADAS	PROTEÍNAS	CARBO-HIDRATOS	AZÚCARES	FIBRA	5 MINUTOS
91 kcal	4.6 g	1.4 g	5.1 g	7.9 g	3.6 g	1.5 g	

ESTOS VALORES SON UN PROMEDIO DE LAS CUATRO RECETAS DE ARRIBA

DIVERTIDAS PALOMITAS
UN MONTÓN DE IDEAS DELICIOSAS

Las palomitas de maíz hechas de este modo son supersanas, nos llenan, son una gran fuente de fibra y vitamina E, que ayuda a proteger las células contra los daños causados por el estrés

CADA IDEA PARA 1 PERSONA

Las palomitas de maíz son un tentempié delicioso, pero a menudo se cocinan con aceite o mantequilla y luego se bañan en caramelo y otras delicias. Como capricho está muy bien, pero para un tentempié supersaludable que además de delicioso sea nutritivo, he probado este método con la sartén sin grasa. Ahora lo hago siempre, ¡y a los niños también les encanta! Para los mejores resultados, es preferible cocinar solo una o dos porciones a la vez.

Para una buena porción, como la que se ve en la foto, echar 1 cucharada de palomitas en una cacerola antiadherente y fría; ponerla a fuego medio. Hay que empezar en frío para que las palomitas se hinchen uniformemente. Poner una tapadera y dejar que se abran. Cuando todas se hayan hinchado, apagar el fuego para que no se quemen, desechar los granos de maíz que no se hayan abierto. Si lo deseas, darles distintos sabores, poner al sabor escogido tan pronto como acaben de abrirse, remover y servir, con cuidado porque la sartén estará muy caliente.

SABOR DE SALSA WORCESTERSHIRE Y DE VINAGRE BALSÁMICO

Ambas opciones pueden esparcirse muy bien si se aplican con un atomizador (que podrás utilizar también para dar sabor a las verduras asadas y a la carne). Pulsar el atomizador unas quince veces sobre las palomitas de maíz.

SABOR DE SALSA PICANTE DE CHILE

Mezclar 1 cucharadita de salsa de chile picante con las palomitas calientes. Menos es más, si pones demasiada salsa quedarían empapadas, pero si se pone en el último minuto y se mezcla bien, conseguirás resultados sensacionales con un toque explosivo.

SABOR DE MARMITE

El potente Marmite (extracto de levadura de cerveza) es especial, tanto por el sabor como por la textura pegajosa, casi gomosa, que crea. Verás que 1 cucharadita rinde mucho, y creo que resulta más fácil de aplicar con una botella con atomizador.

CALORÍAS	GRASAS	GRASAS SATURADAS	PROTEÍNAS	CARBO-HIDRATOS	AZÚCARES	FIBRA	15 MINUTOS
76 kcal	0.9 g	0.1 g	2.6 g	14.3 g	0.7 g	1.5 g	

ESTOS VALORES SON UN PROMEDIO DE LAS CUATRO RECETAS DE ARRIBA

BARQUETAS DE PEPINO
RELLENAS DE COSAS BUENAS

— A menudo confundimos el hambre con la sed, por eso disfrutar de un refrescante pepino como aperitivo es una gran idea, ya que tiene un altísimo contenido en agua, y así nos saciará —

Ahora toca no cocinar: estos bocadillos con rellenos fáciles de combinar reúnen ingredientes básicos que harán las delicias de tus papilas gustativas. Un cuarto de pepino relleno tiene menos de 100 calorías, y cada una de las recetas utiliza toda un queso crema, que dará para unas 10 porciones de relleno que se pueden mantener en el refrigerador durante unos días.

Cortar **1 pepino** por la mitad longitudinalmente, retirar el centro acuoso, y cortar por la mitad al bies. Como se necesita una cuarta parte para cada bocadillo, envolver el sobrante y guardar en el refrigerador. Sazonar el pepino con un poco de sal marina y vinagre.

TAHÍNA, CEBOLLÍN Y AJONJOLÍ

Limpiar y laminar fino **1 cebollín**, mezclar la mitad con **180 g de queso crema**, **2 cucharadas de tahína** y el **jugo de 1 limón**. Extender 1 cucharada en el **cuarto de pepino**, espolvorear generosamente con **semillas de ajonjolí tostadas** y el resto de cebollín.

LIMÓN ENCURTIDA Y PAPADAM

Batir **180 g de queso crema** con **el jugo de ½ limón real**, extender 1 cucharada en el **cuarto de pepino**. Poner por encima **trocitos de limón, o limón real encurtido**, poner **½ papadam** por ración en el microondas 30 segundos para que esponje. Desmenuzarlo y espolvorear por encima.

EL ANILLO DE FUEGO

Batir **180 g de queso crema** con **el jugo de 1 limón real**, poner en una bolsa de plástico, apretar hacia una esquina, cortar la punta de la bolsa y verter gotas a lo largo del **cuarto de pepino**. Llenar los huecos con **salsa tabasco de chipotle**, laminar una **chile fresco** y esparcir por encima.

PIMIENTOS ASADOS Y ALBAHACA

En una batidora, triturar **100 g de pimientos rojos asados y pelados en salmuera** con **1 cucharadita de salsa tabasco de chipotle** y el **jugo de 1 limón trsl** hasta que esté homogéneo. Desleír **180 g de queso crema** con unas gotas de agua, mezclar con los pimientos. Extender 1 cucharada en el **cuarto de pepino** y acabar con **hojas de albahaca fresca**.

CALORÍAS	GRASAS	GRASAS SATURADAS	PROTEÍNAS	CARBO- HIDRATOS	AZÚCARES	FIBRA	5 MINUTOS
81 kcal	6.0 g	0.9 g	3.4 g	1.9 g	1.8 g	0.9 g	

ESTOS VALORES SON UN PROMEDIO DE LAS CUATRO RECETAS DE ARRIBA

HUEVOS ENCURTIDOS COLORADOS, COL MORADA Y ANÍS ESTRELLA

— Los huevos, extraordinarios por sus múltiples propiedades, son ricos en yodo, que nuestra glándula tiroides necesita para producir las hormonas que regulan el metabolismo —

PARA 6 PERSONAS

6 huevos grandes

2 anises estrella

1 cucharadita de clavo de olor

½ cucharada de semillas de mostaza

2 hojas de laurel fresco

1 cucharada de miel

300 ml de vinagre de vino tinto

½ col morada pequeña (300 g)

Es una receta un poco estrambótica, lo admito, pero me encanta (mi esposa la odiaría). Hacer unos deliciosos huevos encurtidos con col es divertido, y, lo más importante, se pueden disfrutar de múltiples maneras. En primer lugar, un huevo colorado constituye una importante y rápida inyección de proteínas con tan sólo 85 calorías, pero también se podrían utilizar los huevos y la col para dar un toque barroco a un picnic, una mesa de entradas, una comida fría, una ensalada niçoise o incluso un humeante tazón de ramen. Esta receta es para 6 huevos, pero si quieres hacer una cantidad mayor, basta con duplicar los ingredientes.

Depositar los huevos con cuidado en una olla grande con agua con sal hirviendo (una pizca de sal evita que se rompan). Cocer 10 minutos hasta que estén duros, enfriar bajo el chorro de agua. Cuando estén lo suficientemente fríos para no quemarse, pelar y enjuagar.

En una cacerola grande sin grasa a fuego medio, tostar el anís estrella, los clavos y las semillas de mostaza hasta que desprendan todo su aroma y añadir las hojas de laurel y 250 ml de agua hirviendo. Cocer a fuego lento 3 minutos, verter la miel, el vinagre y 2 cucharaditas colmadas de sal marina, retirar del fuego. Cortar la col morada en juliana, añadirla al líquido de encurtido y dejar 10 minutos, para que se ablande un poco y se mezclen los jugos.

En un frasco de 1 litro, poner capas de col y de huevos. Verter todo el líquido del encurtido para llenar el frasco y cubrir los huevos, tapar y reservar en el refrigerador hasta que se vayan a usar. Los huevos estarán en su punto al cabo de una semana, pero se pueden comer perfectamente pasadas 24 horas. Se conservan bien hasta 2 semanas, y el líquido sobrante se puede utilizar para aderezo de ensaladas.

CALORÍAS	GRASAS	GRASAS SATURADAS	PROTEÍNAS	CARBO-HIDRATOS	AZÚCARES	FIBRA	25 MINUTOS MÁS EL ENCURTIDO
85 kcal	6.3 g	1.7 g	7.2 g	0.5 g	0.4 g	0.1 g	

MANTEQUILLA CASERA DE FRUTOS SECOS SABROSA Y VERSÁTIL

___ Los frutos secos contienen una buena variedad de vitaminas y minerales esenciales, y son una ___
fuente de grasas insaturadas, excelentes para mantener a raya el colesterol

PARA 1 LATA

200 g de tus frutos secos sin sal
preferidos, como nueces
del Brasil, almendras, nueces
pecanas, pistaches, avellanas,
nueces de la India, cacahuates

Precalentar el horno a 180 °C. Extender los frutos secos en una fuente de horno, en una sola capa. Tostar durante 8 o 10 minutos, o hasta que estén dorados, retirar y dejar enfriar 5 minutos. Si lo prefieres, puedes hacer la mantequilla de frutos secos sin tostarlos, así tendrán un color más claro, como en las fotos de la parte inferior. También son deliciosos crudos, pero encuentro que la profundidad de sabor que les da el tostado es realmente difícil de igualar.

Poner los frutos secos en un procesador o en un molinillo con una pizca de sal, cuanto más pequeño sea el recipiente, tanto más fácil será triturarlos. Empezar a triturar los frutos secos, rápidamente se convertirán en un polvo fino, pero tardarán más en convertirse en mantequilla, o sea que sé paciente y deja que el procesador trabaje. Pararlo de vez en cuando para raspar los frutos de las paredes. Triturar hasta obtener la consistencia deseada y guardar en una lata.

Para un tentempié de 100 calorías, servir 1 cucharadita colmada de mantequilla de frutos secos con:

+ **80 g de hortalizas crudas de temporada**, como hinojo, zanahorias, apio, rábanos, calabacitas mini, espárragos, pepino, hojitas de lechuga

+ **1 papadam**, puesto en el microondas unos 30 segundos para que esponje

+ **1 manzana o una pera**, cortada en rodajas, para hacer un sándwich de fruta con un poco de mantequilla de frutos secos

+ **2 cucharadas de yogur natural**, mezclarlo todo junto en una lata pequeña

CALORÍAS	GRASAS	GRASAS SATURADAS	PROTEÍNAS	CARBO-HIDRATOS	AZÚCARES	FIBRA	25 MINUTOS
91 kcal	5.9 g	1.1 g	3.1 g	6.6 g	5.1 g	2.1 g	

ESTOS VALORES SE BASAN EN 1 CUCHARADITA COLMADA DE MANTEQUILLA DE FRUTOS SECOS CON 80 G DE HORTALIZAS CRUDAS

GALLETAS CRUDIVEGANAS CON FRUTOS SECOS, SEMILLAS, DÁTILES, AVENA Y FRUTA

— Estos fantásticos energizantes están llenos de cosas buenas, incluidos los dátiles, ricos en hierro, semillas repletas de proteínas y un toque de ácidos grasos omega-3 de los frutos secos

PARA 24 GALLETAS

100 g de nueces pecanas sin sal

100 g de avellanas sin sal

20 g de semillas variadas,
  como linaza, chía

180 g de dátiles Medjool

100 g de frutos rojos secos
  variados, como arándanos,
  arándanos rojos, guindas

200 g de hojuelas de avena

2 cucharadas de aceite
  (a mí me gusta el de nueces)

1-2 cucharadas de jarabe de
  maple

Poner los frutos secos, las semillas, los dátiles (sin hueso) y los frutos rojos secos en un procesador y triturar un poco hasta que todo esté picado. Añadir las hojuelas de avena, el aceite y el jarabe de maple, triturar de nuevo hasta que se mezcle pero tenga todavía cierta textura.

Me gusta controlar las porciones (¡mi equipo de nutricionistas se sentirá orgulloso de mí!) y usar un cortapastas de 5 cm para hacer las 24 galletas. Para mí, el modo más fácil de hacerlo sin usar las balanzas es enrollar la masa hasta que forme un cilindro compacto de 75 cm, cortar por la mitad y luego en cuartos, después dividir cada trozo en 6. De una en una, aplanar las porciones y colocarlas dentro del cortapastas, alisando bien en el centro con los dedos y procurando que los bordes queden uniformes. Una vez conseguido, retirar el molde y aparecerán unas galletas bien redondas.

Poner las galletas en un recipiente hermético; se pueden conservar hasta 2 semanas. Envasar en una bolsa y congelar las que no se vayan a usar. En caso de que alguna se deforme o se rompa, se puede usar para desmenuzar en los desayunos.

CALORÍAS	GRASAS	GRASAS SATURADAS	PROTEÍNAS	CARBO-HIDRATOS	AZÚCARES	FIBRA	30 MINUTOS
100 kcal	6.2 g	0.5 g	2.0 g	10.1 g	5.3 g	1.7 g	

DIVERTIDOS HELADOS DE YOGUR, FRUTA, FRUTOS SECOS Y SEMILLAS

— Estos maravillosos helados con frutas rebosan de sabores buenos, y como incluyen yogur, mantienen nuestro intestino en forma. Para servirlos, piensa en los cucuruchos sin azúcar —

CADA COMBINACIÓN PARA 8 PERSONAS

HELADO DE YOGUR DE PLÁTANO MADURO Y PAN INTEGRAL

En un procesador, triturar **500 g de rodajas de pláta-no congelado** (mejor si las cortamos y las congelamos nosotros mismos), **150 g de pan integral sin corteza y una pizca de canela en polvo**, hasta que esté bien pica-do. Añadir **200 g de yogur natural** y triturar de nuevo hasta que esté homogéneo.

HELADO DE YOGUR DE MANGO, LIMÓN Y JENGIBRE

En un procesador, triturar **400 g de mango congelado picado, 1 plátano pelado, 150 g de hojuelas de avena, la ralladura y el jugo de 1 limón y un trozo de 3 cm de jengibre** pelado, hasta que esté bien picado. Añadir **200 g de yogur natural** y triturar de nuevo hasta que esté homogéneo.

HELADO DE YOGUR DE FRUTAS DEL BOSQUE Y PAN INTEGRAL

En un procesador, triturar **400 g de frutas rojas varia-das congeladas, 1 plátano pelado, 150 g de pan inte-gral sin corteza** y las hojas de **2 ramas de menta fres-ca**, hasta que esté bien picado. Añadir **200 g de yogur natural** y triturar de nuevo hasta que esté homogéneo.

HELADO DE YOGUR DE FRESAS, VINAGRE BALSÁMICO Y ALBAHACA

En un procesador, triturar **400 g de fresas congeladas picadas, 1 plátano pelado, 150 g de hojuelas de avena, 1 cucharada de vinagre balsámico** y las hojas de **2 ra-mas de menta fresca**, hasta que esté bien picado. Aña-dir **200 g de yogur natural** y triturar de nuevo hasta que esté homogéneo.

PARA SERVIR

Sirve el helado de yogur de inmediato, o métalo en el congelador, donde se mantendrá en estado idóneo unos 40 minutos; más allá estará demasiado duro. Si quieres prepararlo con antelación, divide la mezcla en distintas ban-dejas de cubitos de hielo y congélalas por completo. Cuando vayas a servirlo, viértelo en el procesador y tritúralo. Disfrútalo en un bol, un cucurucho o entre obleas, con un puñado de frutos secos y semillas tostadas y algo de fruta fresca extra para aumentar la ingesta.

CALORÍAS	GRASAS	GRASAS SATURADAS	PROTEÍNAS	CARBO-HIDRATOS	AZÚCARES	FIBRA	5 A 10 MINUTOS
83 kcal	1.5 g	0.8 g	3.2 g	14.9 g	7.5 g	2.3 g	

ESTOS VALORES SON UN PROMEDIO DE LAS CUATRO RECETAS DE ARRIBA

MIS SABROSAS BOLITAS ENERGÉTICAS DE DÁTILES, COCO Y SEMILLAS DE CALABAZA

— Los dátiles Medjool tienen la doble ventaja de ser ricos en fibra y en cloruro, que ayuda a la digestión, mientras que las semillas de calabaza nos aportan una inyección de cobre —

PARA 12 RACIONES

70 g de semillas de calabaza

20 g de arroz integral esponjado o de quinoa esponjada

50 g de almendras enteras

80 g de dátiles Medjool

1 trozo de 1 cm de cúrcuma fresca o ½ cucharadita de cúrcuma en polvo

½ cucharadita de canela en polvo

1 cucharadita colmada de cacao en polvo de calidad

1 cucharadita de extracto de vainilla

½ cucharada de miel de manuka

1 naranja

Mi equipo de nutrición y yo hemos trabajado duro para crear estas bolitas llenas de sabor, equilibradas y supernutritivas, que aportan la energía perfecta para resistir a lo largo del día. La ración es de dos bolitas por tentempié. ¡Disfrútalas!

En un procesador, triturar 40 g de semillas de calabaza hasta obtener un polvo fino, reservar en un plato. Poner el resto de semillas de calabaza y el arroz esponjado o la quinoa en el procesador con las almendras y los dátiles deshuesados, triturar hasta que esté bien picado. Pelar la cúrcuma y rallarla fina, si se usa fresca, o añadir la cúrcuma en polvo junto con la canela, el cacao en polvo y una pizca de sal marina. Triturar de nuevo hasta que esté bien fino, añadir la vainilla, la miel y la mitad del jugo de naranja. Triturar 1 o 2 minutos, parando un par de veces para rascar las paredes, y añadiendo un poco más de jugo de naranja para ligarlo bien. La mezcla no se ligará inmediatamente, hay que tener paciencia y dejar que el procesador trabaje.

Con las manos humedecidas, dividir la masa en 24 partes y formar bolitas, pasarlas por el polvo de semillas de calabaza a medida que se hacen. Cubrirlas bien y almacenar junto con el polvo de semillas sobrante hasta que se vayan a usar. Se mantendrán bien dos semanas en un recipiente hermético.

CALORÍAS	GRASAS	GRASAS SATURADAS	PROTEÍNAS	CARBO-HIDRATOS	AZÚCARES	FIBRA	25 MINUTOS
80 kcal	5.2 g	0.6 g	2.7 g	6.0 g	4.2 g	0.5 g	

RICAS BOLITAS ENERGÉTICAS DE JENGIBRE, CHABACANOS Y NUECES DE LA INDIA

— Los chabacanos secos son una fuente de hierro estupenda para los amantes del vegetarianismo, y son superricos en potasio, que los músculos necesitan para funcionar correctamente —

PARA 12 RACIONES

100 g de nueces de la India
   sin sal

20 g de semillas de ajonjolí

80 g de chabacanos secos

20 g de de arroz integral
   esponjado o quinoa esponjada

1 trozo de jengibre de 4 cm

½ cucharadita de mezcla
   de especias

2 cucharadas de miel de manuka

Mi equipo de nutrición y yo hemos trabajado duro para crear estas bolitas llenas de sabor, equilibradas y supernutritivas que aportan la energía perfecta para resistir a lo largo del día. La ración es de dos bolitas por tentempié. Tostar las nueces de la India y las semillas de ajonjolí en una sartén antiadherente sin grasa a fuego medio hasta que se doren ligeramente, removiendo de vez en cuando, dejar enfriar en un plato.

En un procesador, triturar 40 g de nueces de la India hasta obtener un polvo fino, reservar. Poner el resto de las nueces, las semillas de ajonjolí, los chabacanos y el arroz inflado o la quinoa en el procesador y triturar hasta que esté bien picado. Pelar el jengibre y rallarlo fino, añadir la mezcla de especias. Triturar de nuevo hasta que esté bien fino, añadir la miel. Triturar 1 o 2 minutos, parando un par de veces para rascar las paredes, y añadiendo un poco más de miel para ligarlo bien, si fuera necesario. La mezcla no se ligará inmediatamente, hay que tener paciencia y dejar que el procesador trabaje.

Con las manos humedecidas, dividir la masa en 24 partes y formar bolitas, pasarlas por el polvo de nueces de la India a medida que se hacen. Cubrirlas bien y almacenar junto con el polvo sobrante hasta que se vayan a usar. Se mantendrán fácilmente un par de semanas en un recipiente hermético.

CALORÍAS	GRASAS	GRASAS SATURADAS	PROTEÍNAS	CARBO-HIDRATOS	AZÚCARES	FIBRA	25 MINUTOS
86 kcal	5.1 g	1.0 g	2.4 g	8.2 g	6.2 g	0.9 g	

1.

2.

3.

5.

6.

7.

9.

10.

11.

13.

14.

15.

BOCADILLO RÁPIDO

Cuando hace hambre, lo mejor es tener a mano un tentempié rápido para mantener la energía y la concentración, y todos estos frutos secos, semillas y orejones tienen un montón de beneficios nutricionales maravillosos. Cada montón de esta página muestra, más o menos, una ración de 100 calorías de cada ingrediente, así de sencillo. Espero que te ayuden a ser un poco más consciente de la cantidad que consumes, y te animo a mezclar ingredientes. ¡Pero no pierdas nunca de vista las porciones que ingieres!

1. 34 g de pasas
2. 10 nueces de la India sin sal
3. 3 o 4 higos secos
4. 8 nueces de macadamia sin sal
5. 16 g de semillas de girasol
6. 30 g de arándanos rojos secos
7. 16 g de pistaches pelados y sin sal
8. 7 nueces pecanas sin sal
9. 15 g de avellanas sin sal
10. 15 almendras enteras sin sal
11. 35 g de arándanos secos
12. 16 g de semillas de calabaza
13. 4 nueces del Brasil sin sal
14. 7 chabacanos secos
15. 4 nueces peladas sin sal
16. 33 g de pasas sultanas

AGUAS AROMATIZADAS

PEPINO, MANZANA Y MENTA

Laminar finamente **1 manzana**, de ser posible con la mandolina (¡usa la protección!). Cortar el **pepino** en tiras a lo largo con un pelapapas, añadir ambos a una jarra con agua y hielo. Añadir unas **hojitas de menta fresca**, remover y ¡que empiece la fiesta!

ST. CLEMENTS

Simplemente cortar **limones reales**, **naranjas** y, si tienes la suerte de que sea la temporada, **naranjas rojas**, añadir a una jarra con agua y hielo. Con unas cuantas **hojitas de menta o de melisa fresca** también quedará deliciosa.

COLORIDAS, LLENAS DE VIDA Y DELICIOSAS

SANDÍA Y ALBAHACA

Pelar y cortar una **rebanada de sandía** y añadir a una jarra con agua y mucho hielo, poner unas **hojas de albahaca fresca**. Remover y machacar un poco la sandía para que se mezclen los sabores. Delicioso con un poco de **jugo de limón**.

GRANADA, JENGIBRE Y LIMÓN

Cortar la **granada** por la mitad, sujetar una mitad con la mano boca abajo y golpearla con una cuchara para hacer caer los granos en la jarra. Rallar un poco de **jengibre**, añadir **1 limón** cortado en rodajas y **mucho hielo**, acabar de llenar con agua.

TÉS TERAPÉUTICOS

SEMILLAS DE HINOJO, LIMÓN REAL Y MIEL

Cortar en rodajas **1 limón real** y poner las rodajas en una tetera con **1 cucharadita de semillas de hinojo.** Verter 1 litro de agua hirviendo, dejar reposar 5 minutos, colar y beber caliente, endulzándolo al gusto con **miel.**

TORONJA, NARANJA Y MENTA

Cortar en rodajas ½ **toronja** (a ser posible rosa) y **1 naranja** y poner en una tetera con unas **ramitas de menta fresca.** Verter 1 litro de agua hirviendo, dejar reposar 5 minutos, colar y beber caliente o frío, como si fuera té helado.

SABROSOS, VIGORIZANTES Y FÁCILES

JENGIBRE, CÚRCUMA, LIMÓN REAL Y MIEL

Laminar **un trozo de jengibre** y poner en una tetera con ¼ **de cucharadita de cúrcuma en polvo** y **1 limón real cortado en rodajas**. Verter 1 litro de agua hirviendo, dejar reposar 5 minutos y beber caliente, endulzándolo con **miel**.

FRESAS, HIBISCO Y ANÍS ESTRELLA

Cortar por la mitad **unas cuantas fresas** y poner en una tetera con **2 cucharaditas de flores de hibisco secas** y **1 anís estrella**. Verter 1 litro de agua hirviendo, dejar reposar 5 minutos, colar y beber caliente o frío, como si fuera té helado.

VIVIR BIEN

MÁS SANO, MÁS FELIZ

Mientras trabajaba en este libro, leía mucho sobre nutrición, estudiaba para obtener un título, y tuve el privilegio de conocer a un montón de científicos, profesores y expertos increíbles por lo que ahora puedo compartir contigo la información más útil y accesible. Ha sido un viaje inspirador y fascinante, que me hizo ver la alimentación y el estilo de vida desde una perspectiva completamente distinta.

En las páginas siguientes compartiré lo que he aprendido sobre ámbitos tan importantes como la salud, la nutrición y el bienestar. Espero que te resulte tan fascinante como a mí, y recuerda que puedes hacer cambios positivos y duraderos en tu vida adquirienddo unos sencillos hábitos nuevos. Todo lo que escribo en las páginas siguientes lo he tenido en cuenta para desarrollar cada una de las recetas del libro, así que si acabas de hacer la compra y vas a cocinar, estás en el momento y el lugar adecuados. ¡Que tengas días felices!

MI FILOSOFÍA EN ESTE LIBRO:
UNA ALIMENTACIÓN EQUILIBRADA

Todos sabemos que una alimentación equilibrada es fundamental. Pero, ¿qué significa realmente? Esta página te lo quiere dejar muy claro, porque si puedes conseguir un plato equilibrado y mantener la cantidad bajo control —lo que he hecho para ti en todas las recetas de este libro— puedes estar seguro de que sigues el camino de la buena salud.

Una cosa importante que debes recordar es que no hay que ser estricto cada día, sino conseguir el equilibrio a lo largo de la semana. Mezcla las recetas elegidas a través de los diferentes capítulos para asegurarte de que estás ingiriendo una dieta variada y una amplia gama de nutrientes. Como guía general, si comes carne y pescado, debes preparar al menos dos raciones de pescado a la semana, una de las cuales debe ser pescado azul (como salmón, trucha o macarela); después, divide el resto de las comidas principales de la semana entre maravillosos platos de verdura, algo de ave y un poco de carne roja. Una dieta vegetariana estricta también puede ser perfectamente saludable.

¿QUÉ ES UNA ALIMENTACIÓN EQUILIBRADA?

Ten paciencia conmigo porque esto va a ser un poco técnico, pero es importante saber de antemano cómo combinar los alimentos. Basta con mirar la tabla siguiente y captarás la esencia; en realidad, es fácil.

LOS CINCO GRUPOS DE ALIMENTOS	PROPORCIÓN EN UN PLATO
Frutas y verduras	Una tercera parte del plato
Carbohidratos con almidón (pan, arroz, papas, pasta)	Una tercera parte del plato
Proteínas (carne, pescado, huevos, alubias, otras fuentes no lácteas)	Alrededor de una sexta parte del plato
Leche y productos lácteos	Alrededor de una sexta parte del plato
Alimentos altos en grasa/azúcar	Intenta comer solo una pequeña cantidad de alimentos altos en grasa y/o azúcar

¿CÓMO SE REFLEJA EN ESTE LIBRO?

Trabajando en estrecha colaboración con mi adorable equipo de nutricionistas y siguiendo las directrices del Reino Unido, he estructurado todas las recetas de un modo muy claro y fácil de entender:

+ Todas las recetas de desayuno aportan menos de 400 calorías por ración, contienen menos de 4 g de grasas saturadas y menos de 1.5 g de sal

+ Todas las comidas y cenas aportan menos de 600 calorías por ración, contienen menos de 6 g de grasas saturadas y menos de 1.5 g de sal, de modo que todas las recetas de los dos capítulos son intercambiables

También he incluido bocadillos de hasta 100 calorías, lo que te da la libertad de comer cada día algunos tentempiés sabrosos y energizantes, y todavía sobran algunas calorías para las bebidas.

¿QUÉ SIGNIFICA ESO EN LA VIDA REAL?

En general, una mujer necesita unas 2000 calorías al día, mientras que el hombre puede ingerir unas 2500. Seguro que sabes que estas cifras son orientativas, y que las cantidades que comemos siempre deben estar relacionadas con factores como la edad, la constitución física, el estilo de vida y la actividad. La buena noticia es que todos los alimentos y bebidas pueden consumirse con moderación como parte de una dieta sana y equilibrada. No tienes que eliminar del todo ningún alimento que realmente te guste, a menos que te lo indique un médico o un dietista.

La filosofía de vida de mi abuelo era simple: todo con moderación y un poco de lo que te gusta. Y sigue siendo totalmente válida para hoy. ¡Incluso los nutricionistas comen pasteles!

DELICIOSO Y NUTRITIVO DESAYUNO

Hay una cosa supersencilla que quiero que recuerdes: ¡desayuna! Solo eso. Suele pasarse por alto, pero es muy importante para prepararte para el día. No solo te va a llenar y evitará que piques alimentos ricos en grasa o azúcar, sino que vas a salir a la calle con una inyección de micronutrientes, como hierro, fibra y vitaminas de los grupos B y D. Se ha demostrado que si te saltas el desayuno es poco probable que recuperes los nutrientes perdidos durante el día, así que mejor que adquieras buenos hábitos y empieces construyas tu rutina desde el principio.

HOMENAJE AL H_2O

Beber agua es esencial. Es imprescindible en una dieta equilibrada. Nos mantiene hidratados y alertas, y hace que nuestro cuerpo funcione correctamente. A menudo, cuando tenemos hambre, en realidad estamos deshidratados, por lo que beber agua ayuda a evitar comer en exceso. Nuestras necesidades varían en función de la edad, el género, la constitución, el estilo de vida y la actividad, así como de la humedad y la temperatura ambiente. Como norma, las mujeres deben beber como mínimo 1.6 litros al día, y los hombres por lo menos 2 litros. Incorpórala, agradécela y disfruta de la humilde H_2O cada día. Encontrarás más datos sobre el maravilloso mundo de la hidratación en la página 278.

EXCELENTES VERDURAS Y FRUTAS

Para disfrutar de una vida sana, las verduras y las frutas deben ser el centro de tu dieta. La abundancia de vitaminas y minerales que nos proporcionan los vegetales es realmente asombrosa.

Notarás que digo verduras y frutas, no frutas y verduras. Es una idea que aprendí de la profesora Julie Lovegrove sobre cómo debemos pensar en nuestros amigos naturales: la fruta es muy nutritiva y debemos incorporarla, pero las verduras no deben considerarse la segunda opción. Las verduras y las frutas son el eje de las mejores dietas del mundo, y el motivo de que las recetas de este libro sean tan coloridas, atractivas y sabrosas.

COMERSE EL ARCOÍRIS

Las verduras y las frutas presentan todo tipo de formas, tamaños, colores, sabores y texturas, y nos ayudan a entender las estaciones de un modo maravilloso. Su valor nutritivo es innegable, así que lo mejor que podemos hacer es comer el arcoíris, es decir, disfrutar de la mayor variedad posible.

¿CUÁNTO DEBEMOS COMER?

Todos hemos oído lo de las 5 raciones diarias, pero yo estoy aquí para decirte que lo ideal sería incluso más. Cinco es más bien una concesión porque, en general, en Europa, no llevamos muy bien su consumo, de modo que este objetivo rebaja nuestra previsión. La verdad es que deberíamos tratar de ingerir siete u ocho raciones al día. Y si no me crees, mira otros lugares: ¡Australia aboga por cinco raciones de verdura y dos de fruta cada día! Las dietas basadas en vegetales son más frecuentes en muchas de las comunidades con la mayor proporción de personas centenarias (véase página 292).

BENEFICIOS CONOCIDOS PARA LA SALUD

Lo que sabemos con certeza de estos nutrientes poderosos es que pueden ayudarnos a mantener un peso saludable y un corazón sano, además de reducir el riesgo de sufrir accidentes cardiovasculares y algunos tipos de cáncer. También rebosan de fibra dietética, que nos hace mantener la regularidad intestinal (¡algo muy positivo!). Definitivamente, deberían incluirse en cada comida y en los sabrosos tentempiés.

BENEFICIOS DESCONOCIDOS PARA LA SALUD

Lo fantástico de las verduras y las frutas es que esconden un montón de cosas aún por descubrir. Por ejemplo, el brócoli es rico en ácido fólico y vitamina C, pero los nutricionistas están encontrando muchas más cosas, como otros nutrientes, vitaminas, minerales y oligoelementos beneficiosos para el organismo de múltiples maneras. Suena bastante increíble, lo sé, ¡pero en las verduras y frutas es donde están! Por eso es importante comer el arcoíris, para conseguir los máximos beneficios.

+ **80 g de verdura o fruta fresca, congelada o en lata** se considera una ración, y eso es lo que he aplicado en las recetas de este libro. Como hay que comer una amplia variedad, contamos cada una de ellas como una ración. Así, aunque comas 160 g de zanahorias, las consideramos como una de las 5 diarias

+ **30 g de fruta seca** se considera una ración. Yo cuento una ración al día. La fruta seca es natural, pero el azúcar está más concentrado

+ **150 ml de jugo de fruta o de verdura sin azúcar** se considera como una ración al día, ya que una gran cantidad de nutrientes y fibra se pierden al extraer el jugo. Personalmente, yo no incluyo ningún tipo de jugo en mis cálculos. Los batidos son una mejor opción

+ **80 g de alubias o legumbres** (alrededor de 3 cucharadas soperas) las consideramos como una ración, y también nos aportan proteínas

+ Y para todos sus fans, debo señalar que las humildes papas no cuentan para nuestras 5 raciones ya que son un alimento rico en almidón, por lo que deben ir a parar al cálculo de carbohidratos (consulta la página 266). En cambio, los camotes, que no tienen almidón, sí cuentan como verduras

CULTIVA TUS ALIMENTOS

En los lugares donde la gente vive más tiempo, muchas personas cultivan su propia comida. Si nunca lo has hecho, te recomiendo que lo pruebes. Es una gran afición: te mantiene en forma y ahorras dinero; tu relación con el planeta Tierra será más intensa (¿quién no se inspira viendo crecer cosas?); y lo mejor de todo, ¡comerás verduras y frutas cultivadas por ti! Y si tienes hijos, tendrán una relación más divertida y dinámica con los alimentos. No necesitas un jardín o un campo, basta con una jardinera en una ventana, una azotea o un balcón; y una maceta, una bolsa de cultivo o un cubo, todo vale. ¡Yo he cultivado incluso en un canalón de desagüe!

MANTENERLOS FRESCOS

Los vegetales en la planta están en su punto máximo de frescura y valor nutritivo. Me emociono al pensar que puedo convertir en comida algo que minutos antes estaba enraizado en tierra. Si tienes cerca un mercado de agricultores y sabes que venden lo que han recogido esa mañana, aprovéchalo. En cuanto se recogen, los vegetales empiezan a perder nutrientes. Cómelos lo más frescos posible —incluso crudos, si te gusta— porque tendrás más calidad por bocado.

¿NOS PASAMOS A LO ECOLÓGICO?

Los productos ecológicos de temporada son la opción óptima para nuestra salud (véase página 284).

En la península de Nicoya, en Costa Rica, visité una comunidad donde viven algunas de las personas de más edad del planeta. Como uno de sus secretos de longevidad, mencionan la cantidad descomunal de fruta que comen. Pero la clave está en la variedad. Muchos de nosotros comemos el mismo tipo de fruta, semana tras semana, pero cada fruta contiene una mezcla diferente de vitaminas, minerales y elementos que nuestro cuerpo ama y necesita, de modo que variar es importante.

BUENÍSIMOS CARBOHIDRATOS

Los carbohidratos con almidón son maravillosos. Hacen que nos sintamos felices, satisfechos y llenos de energía. Son imprescindibles en nuestra dieta, ya que proporcionan una gran parte de la energía que necesitamos para movernos y el combustible que los órganos precisan para funcionar.

Además, a todos nos apetecen y disfrutamos con ellos. Quiero ayudarte a entender qué son los carbohidratos, cuáles deberíamos comer y disipar todos los mitos que les dan mala fama. Cuando conozcas cómo trabajan en nuestro cuerpo, cómo lo afectan y por qué los necesitamos, podrás tener una actitud mucho más saludable hacia ellos y no te verás tentado a seguir una dieta libre de carbohidratos de la que, además, te vas a aburrir.

¿QUÉ SON LOS CARBOHIDRATOS?

No todos los carbohidratos son iguales. Aquí es donde nace la confusión. Pueden ser azúcares, almidón, que se descompone en glucosa (una forma de azúcar) en el intestino, o fibra dietética, que no podemos descomponer. Por eso, lo importante es el tipo y la forma en que los consumimos.

Voy a clasificarlos como yo lo entiendo. Los alimentos que son ricos en carbohidratos se dividen en cuatro categorías principales:

+ Azúcares simples: azúcar blanca y morena, miel, jarabe de maple

+ Carbohidratos complejos blancos: pan, pasta, arroz, harina, cereales

+ Hidratos de carbono complejos de alimentos integrales: pan, pasta, arroz, harina, cereales

+ Verduras y frutas: tubérculos en particular, como zanahorias, camotes, colinabo, nabo, chirivía

¿CUÁLES DEBEMOS COMER?

Los carbohidratos simples, como el azúcar blanca refinada o los alimentos y bebidas procesados y azucarados, se digieren muy rápidamente y son calorías vacías, que suben el nivel de azúcar en la sangre seguido de un bajón de energía que nos hace sentir decaídos. Consumir carbohidratos complejos es fundamental: tardan más tiempo en descomponerse, son de liberación lenta y aportan una energía más duradera. Elige alimentos integrales, ya que contienen más fibra y otros nutrientes beneficiosos y tardan aún más en digerirse, lo que ayuda a sentirnos llenos más tiempo. Procuro consumir alimentos integrales como mínimo 7 de cada 10 veces. Si haces lo mismo, aumentarás el valor nutricional de lo que comes y conseguirás unos sabores y texturas sorprendentes, y el aporte energético será más provechoso. Los productos vegetales a menudo son ricos en carbohidratos, pero contienen tantos valores nutricionales que deben contabilizarse en la lista de verduras y frutas (véase página 262).

¿POR QUÉ LOS CARBOHIDRATOS TIENEN MALA REPUTACIÓN?

Cuando la gente critica los carbohidratos, por lo general se refiere al exceso de azúcar. Pero decir que engordan es ser demasiado simplista. Obviamente, si consumimos más de lo que necesitamos, el exceso se almacenará en forma de grasa, pero si comemos el tipo correcto la balanza no nos dará disgustos. Como ya sabes, muchos alimentos azucarados también son ricos en grasas saturadas, a menudo no contienen otros nutrientes útiles y pueden tener un efecto muy negativo en nuestra salud si se consumen en demasía.

¿POR QUÉ NECESITAMOS CARBOHIDRATOS?

Si nuestro cuerpo no obtiene la energía que necesita, tiene que descomponer la grasa y las proteínas. Las proteínas (consulta la página 268) son esenciales para el crecimiento y la reparación del cuerpo, y utilizarlas para extraer energía no es conveniente y puede desembocar en la pérdida de masa muscular. Consumir carbohidratos complejos es el mejor modo de mantener los niveles de azúcar en sangre, lo que nos ayuda a concentrarnos y a realizar nuestros quehaceres diarios. Olvídate del miedo a los carbohidratos e inclúyelos en tu dieta del modo correcto, y todos los días.

¿POR QUÉ ME GUSTAN LOS CARBOHIDRATOS?

Vamos a dejar la ciencia por un momento para ver hasta qué punto son fundamentales los hidratos de carbono en el mundo de los ingredientes. Se cuentan entre los portadores de sabores más increíbles del planeta: la pasta, que combina con las salsas más imaginativas, los deliciosos panes y granos, el arroz en todas sus formas (frito, risotto, paella, con curry, guisos, sopas), y podría seguir...

¿CUÁNTO PODEMOS COMER?

Como los carbohidratos complejos se presentan en muchas y maravillosas variantes, es fácil comer el doble sin darse cuenta, de modo que toca controlar las raciones y moderarse. Es decir, come cuatro papas asadas, no nueve. Los carbohidratos deben constituir alrededor de un tercio de un plato equilibrado, pero es lo que comas con ellos lo que te mantendrá en el buen camino. El adulto promedio puede comer unos 260 g de hidratos de carbono al día, con un máximo de 90 g procedentes de azúcares totales

FANTÁSTICA FIBRA

La fibra también forma parte de los carbohidratos, y se encuentra principalmente en alimentos de origen vegetal. Debemos consumir unos 30 g de fibra al día. La he incluido en la casilla de nutrición de las recetas para que veas todo lo que se obtiene de cada comida. Consumimos dos tipos distintos:

+ Fibra insoluble: se encuentra en los alimentos integrales; no podemos digerirla, por lo que su función, muy importante, es ayudar a otros alimentos y residuos a pasar por el intestino

+ Fibra soluble: se encuentra en la avena, legumbres, verduras y frutas. No podemos digerirla, pero los organismos de nuestro colon sí, y lo mantienen en buen estado. Además, la avena tiene la virtud demostrada de reducir el colesterol de la sangre.

EL PODER DE LAS PROTEÍNAS

Hablemos sobre las proteínas. En primer lugar, como chef, la palabra proteína es un poco engorrosa, ya que no da ninguna idea de todas las plantas, legumbres y animales a los que se refiere.

Hay un montón de ideas falsas alrededor de las proteínas y sus beneficios, con algunas dietas que las reivindican como respuesta para todo. Dado que la proteína es una parte integrante de nuestra dieta, tiene que ser ingerida, como todo lo demás, en las cantidades correctas. Me voy a centrar aquí en lo que hacen las proteínas, lo que son, lo mucho que las necesitamos y cuáles son mis opiniones respecto a los diferentes tipos de origen.

¿QUÉ HACE LAS PROTEÍNAS?

Las proteínas son poderosas. Piensa en ellas como los cimientos de nuestro cuerpo. Son esenciales para el crecimiento y la reparación del tejido muscular, así como para la fabricación de hormonas, de enzimas y anticuerpos de nuestro sistema inmunológico. Básicamente, todo lo que es importante para el modo en que crecemos, reparamos, sentimos, descomponemos y absorbemos los alimentos, y cómo combatimos las enfermedades y las infecciones. Tanto si eres carnívoro, adicto al pescado, vegetariano o vegano, las proteínas son tus mejores amigas y debes disfrutar de ellas de la manera adecuada.

¿QUÉ SON LAS PROTEÍNAS?

No me voy a poner demasiado técnico, pero básicamente las proteínas se componen de un coctel de 20 aminoácidos distintos. Muchos los fabrica nuestro cuerpo, pero el resto debemos incorporarlos a través de los alimentos que comemos.

Igual que ocurre con los hidratos de carbono (véase página 266), no todas las fuentes de proteínas son iguales. Veámoslas:

+ Proteínas completas: carne, pescado, huevos, leche, queso

+ Proteínas incompletas: alubias, frutos secos, semillas, lentejas, cereales, quinoa, avena, chícharos, tofu, pan, harina, maíz

Eso no implica que las completas sean superiores. Imagínalas como un gran supermercado. Lo importante es comer una amplia gama de proteínas distintas a lo largo de la semana, y así seguro que acertarás. Quizá hayas oído el término «proteínas complementarias». Se refiere a la mezcla entre proteínas incompletas para aumentar el volumen de aminoácidos. Las alubias cocidas sobre una tostada o el arroz con chícharos son perfectos ejemplos, y además de ser un manjar de dioses, son grandes combinaciones que te aportarán un alto nivel de aminoácidos.

¿CUÁNTAS PROTEÍNAS NECESITAMOS?

En general, la cantidad óptima son 45 g al día para las mujeres de 19-50 años (varía según factores como el embarazo y la lactancia), y 55 g al día para los hombres en el mismo grupo de edad. En general, los europeos ingieren suficiente, pero no demasiada. Alrededor de la sexta parte de un plato debe estar compuesto por las proteínas.

A lo largo de una semana, el consumo de carne y pescado debe repartirse en por lo menos dos raciones de pescado, una de las cuales debe ser de pescado azul (como el salmón, la trucha o la macarela), y dividir el resto entre vegetales, aves y un poco de carne roja.

Algunas dietas abogan por un alto consumo de proteínas, sobre todo para controlar el peso o la masa muscular, pero esto puede tener una cascada de efectos negativos, especialmente si se combina con un bajo consumo de carbohidratos. Si no eres un atleta, ni tu médico te lo ha recomendado, el consumo excesivo no es una buena idea, pues puede aumentar el riesgo de osteoporosis, así como demasiada carne roja aumenta el riesgo de cáncer de intestino. De todos modos, solo podemos metabolizar cierta cantidad de proteína y eliminamos el resto a través de la orina.

BIENESTAR, ESTÁNDARES Y PROCEDENCIA

En mi opinión, no hay ninguna razón para comer carne si el animal no se ha criado adecuadamente y su salud no era óptima. Es esencial elegir animales alimentados con pasto, que han vivido en libertad y no en un ambiente estresante. Yo creo que lo que entra en nuestro cuerpo debe haber tenido una buena vida. Se trata de la calidad por encima de la cantidad, así que elige productos ecológicos, criados en libertad o con el máximo bienestar y pescado de fuentes sostenibles, siempre que puedas.

Soy consciente de que es más caro. Esto no significa que se esté estafando a nadie, sino que normalmente se debe a que el animal ha vivido más y mejor. Recuerda que puedes comprar los cortes más baratos, como muslos de pollo y carne picada. Comprando de modo inteligente y con una ligera reducción en el consumo de carne, que no es nada malo, puedes mejorar la calidad y duplicar el placer.

Aún me entusiasman más los huevos ecológicos o de rancho, y la leche, el yogur y la mantequilla ecológicos. El aumento de costo es menor, y la mejora en cuanto a calidad es espectacular. Los consumimos mucho, así que todavía tiene más sentido (véase página 274).

DIETAS VEGANAS Y VEGETARIANAS

Curiosamente, se consideran bastante positivas para la salud. Aunque las proteínas de la carne y el pescado son completas y ricas en muchos micronutrientes, seguir una dieta vegetariana o vegana solo implica que hay que ser un poco más inteligente al buscar las fuentes de proteínas. Las mejores opciones empiezan con los frijoles negros, la mayor de las legumbres, seguidas de las demás alubias, legumbres, tofu, quinoa y chía. A menudo los veganos tienen falta de vitamina B12, muy abundante en la carne. La necesitamos para crecer, tener una buena digestión, conservar los nervios sanos, producir energía y mantener los glóbulos rojos sanos. Se puede conseguir con suplementos, si quieres, o consumiendo algunas algas, así que tomar suplementos nutricionales está bien.

En Icaria, Grecia, donde me han dicho que hay más personas mayores de 90 años que en cualquier otro lugar, aprendí a preparar trahana, una mezcla de trigo integral y leche de cabra, con la encantadora María. Incluir cereales y elegir alimentos integrales es un cambio muy sencillo y positivo que todos podemos hacer. El sabor es increíble, tienen una gran textura y están llenos de fibra, lo que reduce el colesterol, previene enfermedades del corazón, ayuda a mantener los intestinos sanos y a sentirse lleno durante más tiempo.

LA GRASA ES ESENCIAL

Derribemos un mito: no hay que tener miedo a la grasa, no es ese enemigo que siempre nos han pintado.

Por supuesto, el consumo de grasas debe ser controlado, pues con sus 9 calorías por gramo es el nutriente de mayor valor calórico. Pero consumir grasa no significa engordar automáticamente. La grasa se encuentra de forma natural en nuestro cuerpo, y algunas grasas solo podemos obtenerlas de los alimentos que comemos. Son una parte esencial de nuestra dieta: sin grasa, moriríamos.

¿POR QUÉ NECESITAMOS GRASA?

Su principal función es proporcionar energía, y la grasa es la forma en que almacenamos el exceso de energía de los alimentos. Cuando estos son escasos, la grasa vendría a ser nuestra batería natural. Añadir grasa a una comida es el modo más eficaz de aumentar su contenido energético, pero también recibimos energía de los carbohidratos (véase página 266). Lo que hay que recordar es que si consumimos grandes cantidades y nuestro cuerpo no las necesita, aumentaremos de peso porque almacenaremos el exceso.

¿QUÉ HACE LA GRASA?

La grasa proporciona aislamiento y protección a nuestros órganos internos, y las mujeres necesitan una cierta cantidad de grasa corporal para ser fértiles. Lo crucial es que la grasa aporta algunas vitaminas liposolubles y ácidos grasos esenciales, como los omega-3 y 6. Nuestro extraño y maravilloso cuerpo necesita la presencia de grasa para absorber correctamente muchos nutrientes. Por ejemplo, una ensalada aderezada con un poco de aceite es mejor que sin aderezar, porque así podremos absorber más vitamina A, en forma de betacaroteno, de las verduras.

TIPOS DE GRASA

+ Grasas insaturadas: son en general el tipo más saludable de grasas, y sus ácidos grasos predominantes son o monoinsaturados o poliinsaturados. Se encuentran en el aceite de oliva y otros aceites vegetales (véase la página derecha), así como en los frutos secos, legumbres, aguacates y pescado azul, rico en omega-3. Algunos aceites ayudan a reducir el colesterol malo y aumentar el bueno. Y eso nos gusta a todos.

+ Grasas saturadas: las grasas animales (mantequilla, manteca de cerdo, sebo, grasa de carne) suelen contener más ácidos grasos saturados, pero también contienen ácidos grasos monoinsaturados. Estas grasas son generalmente sólidas a temperatura ambiente. Como elevan los niveles de colesterol, debemos controlar su consumo. También se han relacionado con enfermedades del corazón

¿CUÁNTA GRASA NECESITAMOS?

Todas las grasas deben consumirse con moderación. Se recomienda que una mujer no supere los 70 g de grasa al día, de los cuales menos de 20 g de grasas saturadas; y el hombre un máximo de 90 g, de los cuales menos de 30 g procedentes de ácidos grasos saturados.

LOS ACEITES MÁS SALUDABLES

Uno de los modos más sencillos de incorporar grasas buenas en tu dieta es cocinar con un poco de aceite. Ten siempre en la despensa una selección de ellos, que te servirán para distintos propósitos. Este es mi top cinco:

+ Aceite de oliva y de oliva extravirgen: superricos en omega 9; utiliza aceite de oliva más barato y más ligero para cocinar a baja temperatura, y guarda el extravirgen para aderezos y acabados. Una mención especial merece el aceite de oliva extravirgen de la nueva temporada prensado en frío; si puedes conseguir un poco, utilízalo en el mismo año, que es cuando está en su mejor momento, y serás muy feliz

+ Aceite de colza: una buena fuente de ácidos grasos omega-3 y 6 y vitamina E, y con la mitad de grasa saturada que el aceite de oliva. Tiene un sabor bastante neutro, por lo que es fantástico para todo tipo de platos, y seguramente la opción más asequible entre los aceites saludables. Elígelo prensado en frío

+ Aceite de nuez: una buena fuente de ácidos grasos omega-3 y 6, y genial para aderezos, adobos y acabados; se puede utilizar con grandes resultados en tus platos al horno

+ Aceite de aguacate: con los beneficios naturales de los aguacates, es superrico en grasas monoinsaturadas, omega 9 y vitamina E, y es adecuado para las cocciones a temperaturas más bajas, aderezos, adobos y acabados

+ Aceite de girasol: una excelente fuente de ácidos grasos omega 6 y vitamina E; es un gran aceite para tener de reserva y cocinar a temperaturas más altas

Otros que utilizo son el aceite de cáñamo, rico en omega-3, el de almendras, rico en omega 9, el de cacahuate o aceite vegetal para cocinar a temperaturas altas, y el de ajonjolí para platos asiáticos, aderezos y adobos.

ÁCIDOS GRASOS OMEGA

Necesitamos los ácidos grasos omega 6 para muchas funciones, como el crecimiento y el desarrollo, y para mantener la piel sana. En general, con la dieta ya obtenemos suficientes. Se necesitan en cantidades más pequeñas para mantener el cerebro y el corazón en óptimas condiciones, y ayudan a reducir el riesgo de sufrir infartos y accidentes vasculares. Las fuentes de omega-3 son más limitadas, y nuestra mejor apuesta serán los pescados azules y aceites vegetales. Nuestro cuerpo no puede fabricar estos dos ácidos grasos poliinsaturados, de modo que debemos incorporarlos a través de los alimentos. En cambio, nuestro cuerpo sí fabrica ácido graso omega 9, pero aun así es beneficioso utilizar aceites que los contengan en lugar de grasas saturadas, para ayudar a reducir el colesterol y prevenir ataques cardíacos.

EL MITO DEL ACEITE DE COCO

Hay tantos gurúes de la salud proclamando los beneficios del aceite de coco que hablé con el mejor especialista en grasas del Reino Unido, el profesor Tom Sanders, y también con otros, y todos ellos compartían una opinión distinta. No estoy contra el aceite de coco, pero sí contra su uso excesivo y los beneficios ficticios que se le han adjudicado. Se absorbe y se convierte en energía más rápidamente, lo que puede considerarse útil, pero sigue siendo el más rico en grasa saturada del planeta y muy bajo en ácidos grasos esenciales. Si consumes demasiado, te llevará por la senda de las enfermedades del corazón. Mi consejo es usarlo con moderación y solo en platos donde aporte un sabor apropiado, como las recetas con curry.

MOJARSE CON LOS LÁCTEOS

Los lácteos constituyen un grupo de alimentos muy interesante. Nutricionistas de todo el mundo les han otorgado su lugar en una dieta equilibrada, ya que ofrecen una increíble variedad de nutrientes y son una fuente de alimento natural muy buena.

Por lo tanto, a menos que seas vegano, este es un apartado muy interesante. Leche, yogur, queso, mantequilla, crema... a mí me encantan. Aunque lo que debemos incluir es leche, yogur y pequeñas cantidades de queso, mientras que la mantequilla y la crema son muy ricas en grasa saturada y no proporcionan todo el complejo de nutrientes que sí recibimos de los demás. Por lo tanto, no contarán para nuestra ración de lácteos.

¿QUÉ SON LOS LÁCTEOS?

Principalmente procedentes de la vaca, los productos lácteos también pueden venir de ovejas, cabras e incluso búfalas. Deben ser una parte pequeña de un plato equilibrado, alrededor de una sexta parte.

OPCIONES FÁCILES DE LÁCTEOS

Si sigues la filosofía del plato equilibrado, verás que hay algo de lácteos en la mayoría de las recetas de este libro. El modo más fácil de incorporarlos es servir las comidas con una cucharada de yogur o un poco de queso. Además de parmesano y ricotta, verás que utilizo una gran cantidad de queso feta y requesón, porque aparte de tener mucho sabor pueden utilizarse de maneras muy variadas y son mucho más bajos en grasa que la mayoría de los quesos. Si has consumido una comida que no contenía lácteos, puedes beber después un pequeño vaso de leche como complemento, o comer un poco de yogur y fruta como merienda para recobrar el equilibrio.

¿POR QUÉ NECESITAMOS LÁCTEOS?

Contienen nutrientes esenciales que nos mantienen fuertes y sanos:

+ Proteínas: cruciales para el crecimiento y la reparación muscular

+ Calcio: para tener los huesos y dientes fuertes y sanos (especialmente en la infancia y la adolescencia, cuando todavía están creciendo y desarrollándose)

+ Vitamina A: para la buena salud ocular (solo se encuentra en los lácteos que también contienen grasa)

+ Riboflavina: para una piel sana y ayudar a digerir los carbohidratos (la leche es la principal fuente)

+ Yodo: ayuda a regular el metabolismo, y así la glándula tiroides puede funcionar de manera eficiente

Para absorber correctamente el calcio de los alimentos que comemos, necesitamos vitamina D, que conseguimos de modo natural gracias a la luz solar, y podemos suplementarla con pescado azul y huevos, o incluso con unas setas que hayamos dejado en remojo un par de horas al sol cerca de una ventana (¡créeme!).

Cuando se trata de esos productos lácteos que utilizamos como ingredientes básicos (leche, yogur, mantequilla), sinceramente, no podría estar más a favor de los productos ecológicos. Son un poco más caros, pero tampoco tanto, y cada vez que los compres estarás apoyando un mejor sistema alimentario (véase página 284). En la Unión Europea, ecológico significa que las vacas han pastado hierba sin fertilizantes químicos, pesticidas ni otros plaguicidas. No les han suministrado antibióticos de forma rutinaria, y han llevado una vida con los mejores estándares de bienestar, lo que significa que viven, en promedio, dos años más. Me gusta cómo suena. Y también es mejor para el medio ambiente. En algunos lugares del mundo, las vacas ni siquiera llegan a pisar la hierba y viven siempre en el interior de «megagranjas lecheras». Muy triste, pero cierto.

INTOLERANCIA A LOS LÁCTEOS

Alrededor del 3% de las personas del Reino Unido sufre una alergia o una intolerancia alimentaria, mientras que en México más del 60% padece de deficiencia de lactasa. Esto se origina cuando nuestro cuerpo carece de una enzima llamada lactasa, que descompone el azúcar natural que se encuentra en estos productos. También existe la intolerancia a un cierto tipo de proteína que se encuentra en la leche de vaca. Si crees que sufres alguna intolerancia, coméntaselo a tu médico o a un dietista. Como cada vez tenemos mejores diagnósticos, el número de alternativas a los lácteos aumenta. Y si no eres intolerante a la lactosa, es bueno mezclar las distintas opciones para aprovechar los distintos sabores. Es algo que practicamos en casa de los Oliver.

LA LECHE ES INCREÍBLE

Tiene una densidad súper alta de la mayoría de nutrientes clave y, comparada con otros alimentos, es bastante baja en grasas. Para hidratarse después de hacer ejercicio, es mejor que el agua o las bebidas isotónicas.

TIPOS DE LECHE

+ Leche de vaca: disfrutarla entera, semidescremada o descremada depende de las preferencias personales. Todas son excelentes opciones en cuanto a nutrientes, pero las calorías y el nivel de grasas son más altos en la entera, por lo que debes vigilar su consumo

+ Leche de cabra: su sabor es algo más rotundo que la de vaca y tiene niveles de lactosa similares; los glóbulos de grasa son más pequeños y fáciles de digerir

ALTERNATIVAS A LA LECHE

La mayoría de leches alternativas están enriquecidas con calcio, vitaminas del grupo B, D2 y E, para emular los beneficios de la leche de vaca. Todas las que mencionamos a continuación son aptas para los vegetarianos y veganos. Elígelas sin azúcar siempre que puedas.

+ Leche de soya ecológica: alta en proteínas y baja en grasas saturadas, es la más fácil de encontrar, ideal para utilizarla en cualquier momento

+ Leche de almendras: de sabor suave y textura ligera, es genial para los desayunos, como hot cakes, avena y batidos. La avena es baja en grasas, grasas saturadas y azúcar

+ Leche de avellana: con un maravilloso sabor a avellana, es perfecta para batidos o para pasteles

+ Leche de avena: fantástica para recetas de desayuno y baja en grasa y grasas saturadas, la avena ha demostrado que reduce el colesterol en la sangre si se consume con regularidad

Aquí ando recogiendo algas con Tadashi en Okinawa, Japón, donde viven algunas de las personas más longevas del planeta. Me quedé sorprendido al enterarme de que las algas son la planta más nutritiva que existe. ¡Es una locura! Y muchas personas que conocí en Japón juran que es una de las cosas que les ha permitido vivir tanto. Así que donde quiera que estés, las algas son, definitivamente, un alimento a tener en cuenta. Son más ricas en vitaminas, minerales y proteínas que cualquier vegetal que crece en la tierra, están repletas de vitaminas del grupo B, yodo, antioxidantes, ácidos grasos, calcio y fibra: su valor es indiscutible. Hoy es bastante fácil comprar algas secas, solo hay que rehidratarlas, trocearlas y saltearlas o añadirlas a ensaladas.

BEBER AGUA Y MEJORAR LA SALUD

Si quieres estar en las mejores condiciones posibles, la clave es mantenerte hidratado. Esta sección es un homenaje a una sustancia sin calorías, generadora de vida y una de las más importantes del planeta: el H_2O.

Todos conocemos la importancia de mantenerse hidratado. Estoy seguro de que nos lo han inculcado desde pequeños. ¿Quién no ha jugado a ver cuál orina es la más transparente? Bromas aparte, la verdad es que el agua es un tema serio.

¿POR QUÉ ES TAN IMPORTANTE?

Hasta principios de este año, cuando, durante mis estudios para el título de nutricionista, me senté en el aula para escuchar una lección sobre la hidratación, no entendía lo imprescindible que es el agua en casi todas las funciones del cuerpo humano. ¡Casi dos terceras partes de nuestro cuerpo están compuestas por agua! Si estamos deshidratados, nuestro cuerpo y nuestro cerebro no funcionarán de modo óptimo. Y esto podría tener consecuencias en cómo nos sentimos, nos curamos, reaccionamos, en nuestra capacidad de absorber los nutrientes de los alimentos o en el funcionamiento de nuestras células y órganos: la deshidratación afecta a todo lo que hacemos. Además, nuestro cuerpo a menudo confunde el hambre con la sed, así que mantenerse hidratado durante todo el día ayudará a impedir el exceso de alimentación y el consumo de calorías que no necesitamos. El agua es una parte indiscutible de nuestra dieta, es barata y accesible, y su impacto en nuestro funcionamiento es inmediato y espectacular. Si para algo debe servirte este libro, valorar el H_2O y mantenerte hidratado será una de las acciones más valiosas que puedas incorporar a tus hábitos diarios.

¿POR QUÉ TENEMOS SED?

A pesar de lo maravilloso que es el cuerpo humano, hay un poco de retraso desde que nuestro cuerpo dice a nuestro cerebro que tenemos sed hasta que este transmite el mensaje. Así que si tienes sed, a) estás definitivamente deshidratado, o b) quizás ya estabas deshidratado hace una hora. Por si eres padre o madre, los niños aún son peores para reconocer cuándo tienen sed, por lo que es importante recordarles que deben beber agua.

¿QUÉ CANTIDAD DE LÍQUIDO NECESITAMOS?

El promedio, para las mujeres debería ser como mínimo de 1,6 litros al día, y 2 litros para el hombre. De nuevo, estas cantidades son una guía, y nuestras necesidades variarán en función de factores como la edad, la constitución física, el ritmo de vida y de actividad, así como la humedad y la temperatura ambiente. Los tés e infusiones, el café, el jugo de frutas y la leche contribuyen a nuestra hidratación. Se calcula que también recibimos el 20% de nuestro consumo de agua de los alimentos, como verduras y frutas con un alto contenido de líquido.

TENER AGUA A MANO

Mi mejor consejo, por muy ridículamente obvio que parezca, ¡es ponértela delante! Si siempre tienes agua a mano —un vaso en el escritorio, una jarra en la mesa de la cocina, una botella cuando estés fuera de casa— es más probable que la bebas a lo largo del día. Si deseas aromatizarla de manera natural para hacerla más atractiva, o darle un toque a su sabor, echa un vistazo a las fáciles ideas de la página 254.

SABROSA AGUA DE LA LLAVE

El agua de la llave en Inglaterra debe superar un sinfín de controles, así que es segura y limpia, y sin duda, debe ser utilizada. Cambia de sabor según las regiones, y sé que en algunas zonas puede saber a cloro, pero está ahí, está disponible, y tenemos suerte de que fluya libremente. Si no te gusta su sabor, intenta conseguir un filtro. El agua mineral embotellada también puede ser adecuada en algunas ocasiones.

REFRESCOS Y BEBIDAS AZUCARADAS

En mi casa, no existen y son el enemigo. Constituyen un capricho, y así deben considerarse. Por eso creo que sólo deben disfrutarse en ocasiones especiales (en todo caso, para los más pequeños). Sin lugar a dudas, son una manera rápida y sencilla de consumir cantidades gigantescas de calorías vacías, pues no tienen ningún valor nutricional. La desastrosa combinación de grandes cantidades de azúcar —a menudo alrededor de 12 cucharaditas en 500 ml— y ácido cítrico es una pesadilla para la caries dental. Como la gente normalmente sorbe estas bebidas, los dientes no tienen ninguna posibilidad de defenderse. El consumo excesivo de azúcar es uno de los factores que contribuyen a las caries de los niños, y someterlos a una extracción múltiple significa suministrar anestesia general a una edad muy temprana. Y eso no es ninguna broma.

JUGO DE FRUTA

Si bebemos demasiado, el jugo de fruta puede ser tan culpable de las caries como los refrescos y las bebidas azucaradas, debido al ácido cítrico y al azúcar natural que contiene. Pero si se consume una cantidad correcta, el jugo de frutas es realmente beneficioso, ya que contiene un precioso coctel de vitaminas, minerales y oligoelementos. Así pues, algunos trucos son los siguientes: si compras jugo de fruta, llena solo un cuarto del vaso, y el resto con agua; además, ahorrarás dinero. En la comida y la cena, exprime algunos cítricos y machaca algunas frutas en una jarra y llénala con agua y hielo. En casa lo hacemos cada día (para más ideas, ve a la página 254). Y recuerda, el jugo no tiene la fibra de la fruta entera, razón por la cual los batidos son generalmente más nutritivos.

EL ALCOHOL

Ocho de cada diez personas lesionadas graves en accidentes de tránsito están relacionadas con el alcohol. Puesto que el objetivo de este libro es lograr una salud óptima, pensé que sería útil dedicar una página a algo que a muchos nos gusta, quizá demasiado.

Quiero compartir algunos hechos, ideas y puntos de vista que me han parecido interesantes. Mi objetivo es que podamos disfrutar del alcohol y consumirlo de manera responsable y sin perjudicar la salud. Sé que a muchos les encanta tomar una copa, igual que a mí, así que no voy a soltar un sermón. Pero siempre va bien aprovechar las buenas ideas, ¿no?

AMAR A NUESTRO HÍGADO

Cuando conocí a los profesores Mark Thursz y Gary Frost, especialistas en el hígado, lo más fascinante para mí fue descubrir que el hígado, nuestro mayor órgano interno y el que se ocupa de eliminar el alcohol y todas las toxinas del cuerpo, es crucial, maravilloso y extraordinario. Solo tenemos uno, por lo que es importante no estropearlo. El hígado descompone los alimentos y los convierte en energía y proteínas esenciales. Es de una importancia capital para nuestro metabolismo, en el modo en que procesamos los nutrientes y nos desintoxicamos. También ayuda a eliminar los desechos y desempeña un gran papel en la lucha contra las infecciones.

A nuestro hígado no le gusta el exceso de alcohol ni de grasa. Almacenar demasiada grasa visceral (alrededor de los órganos internos en la zona del vientre) puede aumentar el riesgo de sufrir diabetes tipo 2 y hepatitis. Cuidar nuestro hígado es absolutamente esencial, es decir, que si bebes demasiado alcohol, no comes de manera sana, no te mantienes hidratado, no tiene buena pinta. En lo que respecta a los alimentos, todas las recetas de este libro te ayudarán a cuidar el hígado.

EL ALCOHOL NO ES NUTRITIVO

Independientemente de su calidad, el alcohol no es nutritivo para tu cuerpo, pero sí tóxico. Con 7 calorías por gramo, es casi igual que la grasa. Puede ser adictivo y, sin duda, ha sido responsable de algunos de los peores comportamientos y decisiones a escala planetaria. Así que vamos a ser responsables.

RECOMENDACIONES SOBRE EL ALCOHOL

+ Hombres: máximo 21 unidades a la semana y 3 o 4 unidades al día (4 unidades es poco menos de 750 ml de cerveza)

+ Mujeres: máximo 14 unidades por semana y 2 o 3 al día (3 unidades es 1 vaso mediano)

Vaya sorpresa. Mi primera pregunta fue: ¿puedo dejar las bebidas del lunes al jueves para el fin de semana? Y, por supuesto, las recomendaciones dicen ¡NO! El consumo excesivo de alcohol no es aconsejable por muchas razones, pero lo realmente sano es que dejemos de tomar alcohol tres días a la semana. Es bueno saberlo.

¿QUÉ SON LAS UNIDADES DE ALCOHOL?

Una unidad es 10 ml de alcohol puro. Una buena medida (perdona el juego de palabras) de las bebidas que prefiere el hígado es el % APV, es decir, alcohol por volumen. Se indica en la etiqueta como porcentaje del total de la bebida. Cuanto mayor sea el porcentaje, más alcohol contendrá.

+ 1 jarra de cerveza o sidra (568 ml) con 5% APV tiene 2.8 unidades y 215 calorías

+ 1 vaso grande de vino (250 ml) con 12% APV tiene 3 unidades y 180 calorías

+ 1 copita de aguardiente/licor con hielo (25 ml) con 40% APV tiene 1 unidad y 59 calorías

+ 1 gin-tonic (25 ml de bebida alcohólica y 1 tónica de 250 ml) con 40% APV tiene 1 unidad y 114 calorías

Si las calorías y tu peso son un problema, convertir el agua en tu bebida preferida será tu mejor arma. Si vas a consumir alcohol, encontrarás más arriba el valor calórico de algunas de nuestras bebidas más comunes.

¿QUÉ ES UNA "CRUDA" O RESACA?

El alcohol es un diurético, por lo que beber en exceso suele deshidratarnos, lo que puede producir dolor de cabeza o náuseas. Además, el consumo de alcohol puede interrumpir y perturbar el sueño. Podemos dormir más tiempo, pero necesitamos calidad, no cantidad. El exceso de alcohol significa que nuestro sueño es mucho menos profundo, por eso a menudo nos sentimos cansados al día siguiente. Dormir mal habitualmente a causa del alcohol tiene, sin duda, un impacto negativo en nuestra salud.

CÓMO PREVENIR UNA "CRUDA"

+ No bebas con el estómago vacío. Una comida a base de hidratos de carbono puede ayudar a retrasar la absorción de alcohol

+ Alternar alcohol y agua es un hábito fácil de adquirir y muy útil

+ Dos o tres días de descanso entre las reuniones con alcohol es mucho mejor que beber durante días seguidos, ya que permite que el hígado se recupere y se repare

+ Se dice que los vinos tintos con niveles altos de sulfitos causan dolor de cabeza, pero es más probable que la culpable sea la deshidratación, aunque los taninos del vino tinto pueden afectar a algunas personas

---

CÓMO LIDIAR CON UNA "CRUDA"

+ Hidrátate bien los días después de beber para que tu cuerpo se rehidrate adecuadamente

+ El paracetamol puede apaciguar los dolores de cabeza

+ Evita las «bebidas milagro» la mañana después: no ayudan, solo prolongan el dolor

+ Toma un buen desayuno; los carbohidratos simples pueden ayudar. O bien, disfruta de alimentos que te rehidraten, como las sopas

+ Una buena bocanada de aire fresco ayuda mucho, así que sal a dar un paseo

+ Tómate unos días sin beber alcohol después de una sesión fuerte para darle tiempo a tu hígado a recuperarse

En la isla de Icaria, Grecia, las hierbas frescas y los vegetales silvestres se utilizan en abundancia cada día. Ambos contienen montones de increíbles vitaminas, minerales, oligoelementos, fibra y una larga lista de conocidos beneficios medicinales que solo pueden hacernos bien. Las hierbas también tienen la maravillosa capacidad de agregar sabores fantásticos a la comida, lo que significa que puede reducirse la sal. Una fórmula que pude comprobar en todas las regiones sanas del planeta es que casi todo el mundo tenía huertas, lo que los mantenía activos y les proporcionaba alimentos más frescos. ¡Cultiva los tuyos!

ELIGE ALIMENTOS ECOLÓGICOS

Siempre pienso que los alimentos ecológicos tienen un poco de mala prensa porque son un poco más caros, y se consideran algo exclusivo para las clases medias, los sibaritas y los llamados ecofrikis. Aclaro: los alimentos ecológicos son alimentos naturales en los que se ha permitido que la naturaleza actúe, y estoy seguro de que la mayoría estará de acuerdo en que introducir ingredientes naturales en nuestro cuerpo solo puede tener consecuencias positivas.

Me refiero a cómo ha funcionado el planeta desde que existe, hasta que introdujimos fertilizantes y pesticidas químicos y artificiales en la agricultura, y se detuvo la adecuada rotación de cultivos. Esto ha cambiado la esencia de la agricultura. ¿Toda la comida no ecológica es la personificación del diablo? Yo no lo creo. Mucha atención y esfuerzo se han centrado en desarrollar ciertas soluciones (como criar animales de modos más rentables), pero la realidad pura y simple es que muchas veces no es necesario intervenir en la naturaleza.

Sabemos todavía muy poco sobre cómo funciona el cuerpo, pero sí sabemos que la variedad y la frescura nos aportan los máximos beneficios. Lo importante para mí es que los alimentos ecológicos son más frescos, y por lo tanto, más nutritivos.

Las ventas de los alimentos producidos de manera sostenible van en aumento, y, como en todo, si exigimos más, habrá más a nuestra disposición. Esencialmente, cada vez que compras un producto ecológico estás abogando por un mejor sistema alimentario. No digo que debamos hacerlo siempre. A mí me resulta imposible al ciento por ciento, pero compro este tipo de productos siempre que puedo. Si todos cambiamos lo que compramos, cocinamos y comemos, gastamos mejor y despilfarramos menos, inevitablemente nuestro sistema alimentario mejorará y será más sostenible.

La carne ecológica es más cara, pero uno de los propósitos de este libro es que comas menos carne, y elijas la mejor cuando vayas a hacerlo. Se trata de la calidad por encima de la cantidad (véase página 269). Es más cara porque seguramente el animal ha vivido una vida mucho más larga y de mejor calidad. Por ejemplo, los pollos ecológicos han vivido más y de un modo más natural, y son aves más fuertes y sanas. Es lógico que se conviertan en un alimento más saludable. ¡También saben mejor!

Lo más fácil de conseguir son los productos lácteos habituales, como la leche, el yogur y la mantequilla ecológicos (lee por qué en la página 275). Lo mismo sucede con los cubitos de caldo, cuya versión ecológica da la tranquilidad de que toda la carne que hay en ellos es de un cierto nivel. Por último, cabe destacar que, en cuanto a verduras y frutas, a veces las ecológicas no cuestan más, sobre todo las de temporada

Te presento unos datos muy interesantes sobre los alimentos y la agricultura ecológicos que aprendí de Peter Melchett, director de políticas de la Soil Association, que en el Reino Unido lidera las campañas benéficas en pro de los alimentos saludables y sostenibles, la agricultura y el uso del suelo. Quiero compartirlo para darte más motivos sobre por qué vale la pena elegir ecológico:

+ Se ha demostrado que los cultivos ecológicos (verduras, frutas, legumbres, cereales) contienen hasta un 60% más de diversos antioxidantes que los cultivos no ecológicos. Es una noticia fantástica, y espero que en un futuro próximo tengamos más información sobre el tema

+ En la Unión Europea, ecológico equivale a la medalla de oro en la producción de alimentos. Tener un sello de certificación ecológica nos permite saber que todas las etapas de la producción se han inspeccionado cuidadosamente para asegurarse de que cumplen con los mejores estándares

+ La comida ecológica procede de fuentes de confianza, y en todo el mundo los productos alimenticios etiquetados como ecológicos deben cumplir las normas que definen lo que los agricultores y productores pueden y no pueden hacer. Todas las granjas y compañías alimentarias ecológicas son inspeccionadas al menos una vez al año

+ La agricultura ecológica no utiliza fertilizantes basados en combustibles fósiles. Los agricultores consiguen suelos sanos de forma natural, lo que ayuda a controlar las plagas, las malas hierbas y las enfermedades

+ También es bueno para la naturaleza. Las granjas ecológicas tienen más probabilidades de atraer fauna silvestre y proporcionar un hogar para las abejas, las mariposas y los pájaros. ¡Genial!

+ Los suelos tratados ecológicamente son más resistentes a las sequías y a las inundaciones, y los hacen menos vulnerables que otros métodos de cultivo a los impactos del cambio climático

+ En la actualidad el modelo ecológico parece el mejor para reducir la emisión de gases de efecto invernadero en la agricultura, ya que almacena en el suelo los niveles más altos de carbono. Así, si la agricultura ecológica fuera común en el Reino Unido, podrían compensarse más del 20% de las emisiones de gases de efecto invernadero de la industria agraria, lo que sería fantástico

+ Por último, y es también una información muy importante, una reciente investigación de la Organización para la Agricultura y la Alimentación de las Naciones Unidas ha demostrado que si reducimos los desechos de alimentos y seguimos una dieta con menor consumo de carne y productos lácteos, la agricultura ecológica podrá alimentar al mundo sin necesitar más tierras de cultivo

REPENSAR LA CESTA DE LA COMPRA

Muchos errores de las dietas poco saludables tienen su origen en el carrito de la compra. Años de investigación demuestran que compramos lo mismo, a menudo lo menos adecuado, con pequeñas variantes, semana tras semana.

Para mucha gente, el motivo es una mezcla entre ir con piloto automático y sentirse un poco perdido (y de fabricantes de alimentos procesados de mala calidad y sus confusos mensajes de «bajo en grasas» y «bajo en azúcar»). No saber muy bien cómo hacer un cambio positivo en nuestra dieta, sumado a los trabajos absorbentes, los malabarismos para conciliar familia y empleo, la excesiva sumisión respecto a lo que gusta o no a los niños y el deseo de complacer a todos son factores que contribuyen a la monotonía. La experiencia de la compra está profundamente relacionada con la psicología, y para empeorar las cosas, el hipnotismo y el posicionamiento de los productos altamente procesados de comida basura, a menudo con descuento, convierten la compra de alimentos e ingredientes frescos en un verdadero desafío.

Hay algunas cosas que se pueden hacer para transformar lo que se mete en la cesta. La planificación flexible de un menú semanal es probablemente el mejor modo de ir a comprar, y puede ser muy divertido. Compra para la mitad de la semana, y luego elabora con ello comidas que sean adaptables y puedan convertirse en otras cosas los días restantes, si hay cambio de planes en el último minuto. Esto permite comprar con criterio. Sentarse con una pila de libros o revistas de cocina para elegir algunas comidas para la semana que viene es una ocupación excelente, y reforzará tu repertorio, así como tu creatividad.

En segundo lugar y, lógicamente, debido a la geografía, tenemos distintas opciones de comida en nuestra puerta. Dicho esto, la mayoría compramos en los supermercados. Son muy completos y nos permiten ser flexibles y ahorrar tiempo, pero a menudo ofrecen distracciones que pueden apartarnos del camino adecuado, y animarnos a gastar más dinero.

Sigo visitando religiosamente cada semana mi carnicería, mi pescadería y mi verdulería. Comprar en estos lugares permite conocer la zona y hacer nuevas amistades y relaciones, y también descubrir los ingredientes de mayor calidad disponibles, a los mejores precios, y de un modo mucho más estratégico. Si tienes la suerte de tener cerca un mercado de agricultores, aprovéchalo, solo tienes que planear un poco antes de ir: comprar productos de temporada te ahorrará un buen dinero. Yo también cultivo algunos vegetales (véase página 263), y esto, combinado con compras de proximidad, como mínimo ayuda a tomar decisiones más saludables. Curiosamente, si se elimina la experiencia de compra real y se hacen las compras en línea, puede ayudar a centrar un poco más la atención, por lo que también puede servir si quieres tomar un rumbo nuevo. Las cajas de reparto a domicilio son asimismo un modo excelente de que entren por la puerta productos más frescos, locales y saludables, y a menudo te sorprenderán al incluir algo diferente.

CONSEJOS PARA UNA CESTA DE LA COMPRA MÁS SALUDABLE

- VERDURAS Y FRUTAS -

+ Compra más verduras y frutas, más ensalada, y prueba algo nuevo cada semana. ¡Cómete el arcoíris!

+ Abastecerse de verduras congeladas: son un valor seguro, están disponibles todo el año, y son nutritivas porque han sido congeladas en su mejor momento. Puedes utilizar solo un puñado de lo que necesites cuando lo necesites

+ Pon un montón de hierbas y especias en tu vida, es un modo delicioso y saludable de agregar sabor, puede ayudar a reducir el consumo de sal, y además son fáciles de cultivar

- CARBOHIDRATOS -

+ Es fácil cambiar el arroz, las harinas y la pasta por variedades integrales

+ Cambia el pan blanco por las variedades integrales, o incluso haz tu propio pan (véase páginas 44 y 68)

- PROTEÍNAS -

+ Cuando se trata de carne, lo importante es la calidad, no la cantidad, y apunta hacia lo saludabe siempre que puedas (véase página 268)

+ Ten la mente abierta al elegir el pescado (déjate aconsejar por tu pescadería, será más barato)

+ Aprovecha los maravillosos huevos ricos en proteínas, y elígelos de rancho u ecológicos

+ Compra unos cuantos tipos de frutos secos y semillas y guárdalos en recipientes bien cerrados, listos para añadir un delicioso y crujiente extra de proteínas a tus comidas

- GRASA -

+ No compres margarina, sino mantequilla, pero úsala con moderación, y trata de utilizar aceites saludables (véase la página 273)

- PRODUCTOS LÁCTEOS -

+ No compres yogur azucarado, apuesta por deliciosos yogures naturales o griegos ecológicos

+ Cuando se trate de leche, yogur y mantequilla, cambia a los ecológicos, son un modo fácil de invertir en salud

- AZÚCARES -

+ Cambia los azúcares refinados por miel. Yo uso miel de manuka en recetas que no deben exponerse al calor; es más cara, pero los beneficios nutricionales son mucho más altos

+ No compres bebidas azucaradas, en su lugar prepara grandes jarras de agua helada con un poco de fruta. Echa un vistazo a las ideas de aguas aromatizadas en la página 254

- DESAYUNO -

+ La mayoría de cereales están llenos de azúcar, pero las hojuelas de avena son una maravilla nutricional, aprovéchalos y prepara tus propias mezclas (véase págs. 18 y 36). Es un modo sencillo de incorporar frutos secos, semillas y fruta seca en la dieta, con sus beneficios añadidos

- NO TE OLVIDES -

+ Resiste a las ofertas de «dos por el precio de uno» y similares porque van a limitar tu dieta. ¡Solo son una ganga si realmente los necesitas!

A lo largo de la isla de Okinawa, en Japón, todos los días se reúnen grupos parecidos a este a las 6:30 para moverse, estirarse, bailar y relacionarse con tres canciones de la radio. Se llama Radio Ejercicio, y retransmite desde hace casi 100 años. La investigación ha demostrado que tener contacto social se traduce en tres veces más probabilidades de vivir hasta los 100. La esencia de estos grupos es la amistad, la comunidad, la constancia y la sensación de tener un propósito diario.

ACERCA DEL SUEÑO

Suena evidente, pero dormir lo suficiente es absolutamente esencial, y es de lo mejor que puede hacerse para disfrutar de buena salud, pues concede a nuestro cuerpo esas horas cruciales que necesitamos para crecer, curarnos y repararnos.

Durante unos cinco años lo estuve haciendo mal: solo dormía tres o cuatro horas cada noche, lo que no es nada bueno. En promedio, menos de seis horas por noche o más de nueve durante un periodo largo aumenta el riesgo de desarrollar una enfermedad; por ejemplo, la falta de sueño se ha asociado con la obesidad, la diabetes tipo 2 y el cáncer. Ahora lo estoy haciendo bien, pero trato de dormir literalmente como si fuera un trabajo. No porque no pueda dormir una vez que estoy en la cama, sino porque parece que hay miles de razones/ruidos/personas/distracciones que me lo impiden. Conscientemente, me he impuesto una rutina que sigo cinco o seis días a la semana, y, francamente, eso ha sustentado todo lo que he tratado de recoger y explicar en este libro. Las siguientes líneas son las fascinantes y curiosas enseñanzas que he aprendido del superprofesor Jason Ellis, uno de los pocos científicos del sueño calificados del Reino Unido.

LOS PROCESOS DE SUEÑO

Cada día pasamos por dos procesos. El primero se llama proceso S, y es el deseo de dormir que todos sentimos. Es como tener hambre y saciar esa sensación comiendo. Cuando despertamos, empezamos a desarrollar nuestro deseo de ir a dormir de nuevo, que aumentará durante todo el día, y finalizará en cuanto nos durmamos. El segundo se conoce como proceso C, que es nuestro reloj biológico, el ritmo circadiano. Funciona más o menos sobre una base de 24 horas, pero extrañamente, Jason me dice que en realidad en muchas personas este período dura alrededor de 24¼ horas. Esto explica por qué el sueño es tan frágil: nuestro sistema interno lucha constantemente contra un mundo externo, algo así como el jet lag. Siempre vamos un poco por detrás o un poco por delante, por lo que ir a dormir a una hora fija y adquirir una buena rutina es realmente positivo.

REGULACIÓN DE LOS PROCESOS DEL SUEÑO

Hay dos hormonas clave para el éxito de nuestro sueño. La melatonina, una hormona natural, nos ayuda a dormir. Se va acumulando al anochecer, alcanza un pico a las 4 de la madrugada, y a partir de entonces empieza a declinar. Por otro lado está el cortisol, la hormona del estrés. Tiene mala reputación, pero nos permite caminar, hablar, practicar deporte y hacer lo que tenemos que hacer durante el día. Funciona de manera opuesta: empezamos a producir cortisol a primera hora de la mañana para prepararnos para despertar. Eso es lo básico: cualquier cosa que interrumpa alguno de estos procesos o la intersección entre ellos es un trastorno del sueño. Así que, con todo esto en mente, vamos a ver lo que sucede cuando de verdad estamos dormidos, y la repetición del ciclo que tiene lugar cada noche.

EL CICLO DEL SUEÑO DE 90 MINUTOS

FASE UNO: esa cálida sensación acogedora cuando nos metemos en la cama. Nuestras ondas cerebrales empiezan a disminuir. Dura unos cinco minutos

FASE DOS: mientras nos dejamos llevar, nos hundimos más profundamente y podemos experimentar una sacudida, como si estuviéramos cayendo. Se trata del «tirón hipnagógico», cuya explicación es que ya no necesitamos el cortisol, así que nuestros músculos se tensan y sacuden para eliminar el exceso con rapidez. Estamos en el inicio oficial del sueño, nuestras ondas cerebrales van más lentas y más rítmicas todavía, y la mayor parte de la consolidación de la memoria se produce ahora (entre el 45% y el 55% de nuestra noche)

SUEÑO DE ONDAS LENTAS: entramos en un sueño muy profundo y es difícil que nos despertemos (¡o que nos despierten los demás!); nuestras ondas cerebrales se han espaciado. En esta etapa nuestro sistema inmunológico funciona al cien por ciento: nos curamos, producimos células anticancerígenas y limpiamos el cuerpo, por eso dormimos mucho cuando nos encontramos mal. Ocupa entre el 13% y el 23% de nuestra noche

FASE DOS (OTRA VEZ): regreso a la segunda fase, aunque no nos despertamos, somos lo suficientemente conscientes para comprobar que nuestro entorno es seguro, entonces pasamos a...

FASE REM: esta etapa del sueño es muy importante para la memoria y la mente, y elimina todas las toxinas del cerebro. Solo dura unos cinco minutos en su primera iteración, pero supone entre el 20% y el 25% de nuestra noche. Si no dormimos bien, nuestra memoria falla al día siguiente y nuestra capacidad de resolución de problemas se reduce; es bueno saberlo. Ahora soñamos en color, y si no recordamos los sueños se debe a que estamos consolidando muy bien nuestra memoria

CONSEJOS PARA DORMIR BIEN POR LA NOCHE

+ Lo fundamental, recuérdalo, es que la calidad del sueño es mucho más importante que la cantidad

+ Evita bañarte en las dos horas anteriores de irte a la cama, y tampoco hagas ejercicio en ese periodo; ambas actividades elevan la temperatura corporal y no hay tiempo para disminuirla antes de dormir

+ Crea un ambiente fresco, oscuro y tranquilo: instintivamente usamos la luz y la oscuridad como pistas. Si te ayuda, utiliza tapones para los oídos y un antifaz. ¡Yo lo hago!

+ La luz azul, de aparatos electrónicos, es muy poco útil. Si la luz es esencial, elige amarillo o rojo oscuros, que tienen longitudes de onda largas y no interrumpen el sueño

+ Las siestas son buenas, pero no deben sobrepasar los 20 minutos para evitar que el cuerpo entre en un ciclo de sueño más largo, lo que significaría que no nos despertaríamos descansados sino atontados

+ Hidrátate bien durante el día, y reduce la ingesta de líquido ligeramente a partir de las 17:00 h para evitar las visitas al baño durante la noche

+ Intenta no comer durante las dos horas anteriores de ir a la cama, o el cuerpo va a estar en pleno proceso digestivo e intentando conciliar el sueño al mismo tiempo. ¡Pónselo fácil!

+ Alimentos útiles para aumentar los niveles de melatonina son el kiwi (come dos por la tarde), cerezas, nueces, plátanos, frambuesas, tomates y arroz jazmín

+ Retira los relojes del dormitorio: mirar la hora constantemente puede crear tensión y distracción, y añadir una presión innecesaria. Pon una alarma lo suficientemente lejos de la cama para no tenerla a mano durante la noche

¿QUIERES VIVIR 100 AÑOS?

Seamos sinceros: no sé ustedes, pero yo quiero vivir hasta los 100 años. Quiero estar en forma, sano, productivo y feliz, y quiero ver crecer a mis bisnietos, qué diablos, a mis tataratataranietos. Acabo de cumplir cuarenta años, y yo, sin duda, quiero estar aquí por lo menos otros cuarenta.

En todo el mundo las personas que viven más de 100 años son escasas, pero en unos cuantos lugares parece algo más común. Y no se trata solo de tener una vida más larga, se trata de vivir realmente la vida, de ser consciente de cada momento, de disfrutar y divertirse. ¡Yo quiero conseguirlo! Así, viajando para escribir este libro, llegué a algunos de los sitios más saludables del mundo, donde el número personas excepcionalmente ancianas, sanas y activas es inusualmente alto. En las imágenes que salpican este capítulo verás algunos de los increíbles personajes que conocí. Y a pesar de que estas regiones son muy diferentes entre sí por razones de geografía y clima, hay similitudes entre todas estas maravillosas personas de edad avanzada. Los alimentos juegan un papel importante, pero también existen otros factores.

COMUNIDAD Y PROYECTO

En primer lugar, la mayoría de estas personas encantadoras son muy divertidas, y una muy buena compañía. Por cierto, esto es muy lógico, ya que si eres un cascarrabias, ¿quién va a querer pasar el rato contigo y cuidar de ti? Hablando en serio, en estos grupos se respira una noción de comunidad, de relaciones duraderas con las personas del entorno. La mayoría de ellas tienen una religión o algún tipo de creencia, distintas entre sí, pero el mensaje es el mismo: tener un proyecto y personas alrededor para compartirlo (familia, amigos, vecinos, comunidad) es realmente importante. Se puede vivir solo, pero se debe salir de casa para estar en contacto con otras personas, riendo y compartiendo historias; esa es la clave.

MOVIMIENTO

El movimiento también es muy interesante. El ejercicio tal como lo conocemos —ir al gimnasio, salir a correr— no existe en muchos lugares. En cambio, el movimiento y la actividad física son un hábito natural en todos los aspectos de la vida cotidiana. En general, todo es más incómodo, parece algo tonto, pero la gente se sienta en el suelo y se levanta más a menudo, camina mucho más, cuida su jardín... y podría seguir. En el mismo acto de vivir sus vidas estas personas hacen quizá más «ejercicio» que tú y que yo en un día normal, sin proponérselo. Es una gran lección, nosotros hemos convertido nuestras vidas en demasiado cómodas. El desafío es ser más activos cada día, ¡basta con movernos un poco más!

COMIDA Y VINO

En lo que se refiere a la dieta, los ingredientes y hábitos varían mucho de un lugar a otro, pero en general, el consumo de carne es bastante bajo y las comidas a base de vegetales son muy apreciadas. Casi todos tienen un jardín o una zona al aire libre donde cultivan algunos alimentos, lo que les da la oportunidad de salir y mantenerse activos, además de ingerir alimentos que son lo más en estacionalidad y frescura, recogidos directamente en el patio trasero. Muchos beben un pequeño vaso de alcohol cada día (un vaso pequeño, y solo uno, ¡ni dos, ni tres ni cuatro!); y, cuando pueden, comparten las comidas con la gente de su comunidad, y así comen más despacio, mastican más y aprecian los alimentos.

¿CUÁL ES EL SECRETO?

Supongo que lo que estas estupendas personas me han enseñado por encima de todo es que para una vida larga, feliz y productiva no existe una panacea; no hay por ahí unas pastillas que puedas tomar para alargar la vida. El secreto está en el paquete completo: familia, amigos, comunidad, mantener bajos los niveles de estrés, el simple hecho de cultivar, cocinar y comer buenos alimentos, y compartir esa comida con las personas que te rodean, dormir lo suficiente y ser amable con los demás. Recuerda, no hay nada insignificante para la buena salud, todo cuenta, sea grande o pequeño. Se trata de unir todos los puntos para darte a ti mismo la mejor oportunidad.

No pretendo ser experto en todas las áreas de la vida, pero puedo echarte una mano en la comida. Y por eso existe este libro, para ofrecer una solución tangible sobre los alimentos que te ayuden a vivir una vida más sana y feliz. Todo lo demás depende de ti: ser optimista, abierto, disfrutar de la vida y de todos los increíbles y maravillosos retos que nos presenta.

He colaborado en una fantástica y pequeña aplicación, llamada YOU, gratuita y totalmente acorde con el espíritu de este libro. Su objetivo es realizar diariamente microacciones sobre la comida, la concienciación, el movimiento y el amor. Apuntarse y realizar ese viaje solo requiere un minuto de tu tiempo al día, y es una pequeña gran herramienta para ayudarte a introducir cambios pequeños, fáciles y duraderos.

Te presento a la hija menor de José Guevara, un megatipo de 106 años que conocí en Costa Rica, ¡y que tiene diez hijos y más de 100 nietos! Cada día, Leonor le prepara gallo pinto para el desayuno, una comida maravillosamente nutritiva compuesta de hierbas, verduras, alubias, arroz y huevos, que él disfruta a diario desde que era un niño. Para mí, la moraleja es que no hay que saltarse el desayuno, pues la primera comida del día es muy importante. Elige algo nutritivo y ándate caliente.

GRACIAS

He conocido a un montón de gente maravillosa y con talento mientras preparaba este libro, y debo hacer una mención especial a todas las mentes increíbles que me han ayudado a profundizar en mis conocimientos sobre salud, bienestar y nutrición. Un agradecimiento enorme a: la Dra. Helen Crawley, nutricionista de Salud Pública diplomada, que dirige la organización benéfica First Steps Nutrition Trust; a Jason Ellis, especialista del sueño y profesor de psicología en la Universidad de Northumbria y director del Centro de Investigación del Sueño de Northumbria; a Gary Frost, profesor de Nutrición y Dietética en el Imperial College de Londres; a Ian Givens, profesor de Nutrición de la Cadena Alimentaria y jefe de Producción y Calidad de los Alimentos de la Universidad de Reading; a la Dra. Alexandra Johnstone, investigadora senior de la Universidad de Aberdeen, Instituto de Nutrición y Salud Rowett, que analiza cómo puede afectar la composición de la dieta al control del peso y cómo las proteínas pueden saciarnos; a Julie Lovegrove, profesora de Nutrición Humana de la Universidad de Reading, que analiza la influencia de la nutrición en la salud cardiovascular y el desarrollo del síndrome metabólico; a Peter Melchett, director de Políticas de la Soil Association, una organización que promueve la alimentación y la agricultura ecológicas en el Reino Unido; a Tom Sanders, profesor de Nutrición y Dietética del King's College de Londres, cuya trayectoria investigadora se ha centrado en los efectos de la grasa en la salud cardiovascular; a Jamie Sawyer, mi increíble entrenador; a Mark Thursz, profesor de Hepatología en el Imperial College de Londres, cuyos intereses clínicos son la hepatopatía alcohólica y la enfermedad hepática por infiltración grasa.

Me siento en deuda con las brillantes mujeres que me han guiado a través de mi graduación en nutrición: la nutricionista Ann Kennedy, Directora Académica de la Universidad de St. Mary's y la nutricionista deportiva Gill Horgan, directora del Programa de la Universidad de St. Mary's, y de mi vieja camarada, Mary Lynch, nutricionista acreditada. Nunca pensé que me gustaría volver a estudiar, pero ustedes han logrado que cada lección fuera un placer.

Como siempre, gracias a mi increíble familia e inspiración: Jools, Poppy, Daisy, Petal, Buddy, mi fantástico padre y mi fantástica madre, y mis buenos compinches Gennaro Contaldo y David Loftus. Este libro es para todos ustedes.

Para el corazón de mi pandilla, mi extraordinario equipo de comidas. El viaje en este libro ha sido un poco distinto, por lo tanto, unas gracias adicionales para los que han estado a mi lado mientras yo me metía en la piel de fotógrafo. Para mi apoyo gourmet Ginny Rolfe, y todos sus increíbles secuaces, Abigail Fawcett, Georgina Hayden, Christina Mackenzie, Phillippa Spence, Jodene Jordan, Maddie Rix, Elspeth Meston, Rachel Young y Sam Baldwin, así como Charlie Clapp. Al increíble Pete Begg, al fantástico Bobby Sebire, y al resto del maravilloso equipo, Laura James, Joanne Lord, Athina Andrelos, Helen Martin y Daniel Nowland. Y, por supuesto, a la encantadora Sarah Tildesley y a su marido, el fotógrafo Sam Robinson, que me dio consejos de buen amigo a lo largo del libro.

Gracias extrafuertes a mis espectaculares ninjas de la nutrición, las jefas de nutrición Laura Matthews y Rozzie Batchelar. Hemos charlado, bromeado, reído y llorado, y juntos hemos creado este libro increíble.

A mis chicas de las palabras, mi editora Rebecca Walker y Bethan O'Connor. Gracias por ayudarme a dar forma a estos temas del modo más accesible y atractivo, y por tener en cuenta mis dibujos (¡aunque no los hayan utilizado!).

Gracias a mis editores de Penguin Random House, por su continuo amor y apoyo en todo lo que hago. A mi hombre de referencia, Tom Weldon, y mi mujer de referencia, Louise Moore: gracias. A mi hermano tatuado John Hamilton en la parte artística, y a las encantadoras damas Alice Burkle y Juliette Butler en la producción, así como a Katherine Tibbals. Gracias al imperturbable equipo de Ed2, a Nick Lowndes y a su variopinto grupo: a las únicas y simpares Annie Lee, Caroline Pretty, Pat Rush y Caroline Wilding.

Un enorme agradecimiento también para todos los geniales chicos y chicas de Penguin que han conseguido publicar el libro para todos vosotros. En el departamento de derechos, a la encantadora Chantal Noel y su equipo: Anjali Nathani, Lucy Beresford-Knox, Catherine Wood y Celia Long. En el departamento de ventas: Matthew Watterson, Rebecca Cooney, Stuart Anderson, Zoe Caulfield, Martin Higgins, Jessica Sacco, Isabel Coburn, Neil Green, Jonathan Parker, Samantha Fanaken, Claire Bennett y Andrew Sauerwine. Y por último pero no por ello menos importante, el maravilloso grupo de publicidad, comunicaciones y marca: Clare Parker, George Foster, Jenny Platt, Elizabeth Smith y Bek Sunley.

Un enorme gracias a James Verity y al equipo de la agencia creativa Superfantastic por su diseño claro y accesible. Una mención especial también para Jim, por su papel de alter ego como mi asistente de cámara; muy agradecido.

Muchas, muchas gracias a Paul Stuart y a su colega Bradley Barnes por capturar la esencia de mi viaje en este libro a través de los retratos que aparecen tanto en la portada como a lo largo de los capítulos. Ha sido fantástico ser su compañero.

Y lo mismo para el resto de mi equipo. No deja de impresionarme el talento que tengo a mi alrededor, ustedes hacen que tenga ganas de ir a trabajar cada día. Para Paul Hunt, Claudia Rosencrantz, Claire Postans, Zoe Collins y Louise Holland, por mantenerlo todo bajo control. Para mi pandilla de relaciones públicas y marketing: Peter Berry, Jeremy Scott, Laura Jones y Katie Bohane, y a Giovanna Milia, Therese MacDermott y Patricio Colombo. A mis guerreros personales Holly Adams, Amelia Crook, Sy Brighton y Paul Rutherford. Y a todos los demás miembros del sector, me gustaría darles las gracias uno a uno si fuera posible; ustedes ya saben quiénes son. Un agradecimiento especial también para los probadores profesionales, que me ayudaron a perfeccionar estas recetas con gran curiosidad y entusiasmo.

Por último, a la pandilla de Fresh One Productions, mi familia televisiva, y al equipo de esta serie: gracias por hacer que esta historia cobre vida. Para el imparable Jo Ralling, a los maravillosos Gudren Claire, Sean Moxhay, Susan Cassidy y Lucy Blatch. Para los impresionantes productores y directores, ha sido un placer para mí, Nicola Pointer, Martha Delap, Chloe Court, Paul Casey, Jess Reid y Katie Millard: que vuestro entusiasmo nunca decaiga. A mis viejos muchachos del equipo: Luke Cardiff, Olly Wiggins, Dave Miller, Pete Bateson, Mike Sarah, Darren Jackson y Freddie Claire —ha sido un doble placer trabajar con Freddie por su impresionante reportaje de paisajes— y Louise Harris. Gracias a los chicos en primera línea: Violeta Grancelli, Manu Tahilramani, Mai Nishiyama y Eleni Fanariotou. Una gran ovación para el excelente equipo de edición: Jamie Mac, Liam Jolly, Gavin Ames, Kim Boursnell, Russ Peers y Jen Cockburn. Y, por último, por supuesto, a las encantadoras damas Julia Bell, Julie Akeroyd y Lima O'Donnell por procurar que mi maquillaje y mi ropa sean perfectos, todo cuanto ha sido necesario.

ÍNDICE

Q

VIVIR BIEN

¿TE HAS QUEDADO CON HAMBRE DE MÁS?

Para obtener asesoramiento práctico de nutrición, así como videos, pistas, trucos y consejos sobre todo tipo de temas, un montón de excelentes y sabrosas recetas y mucho más, visita jamieoliver.com y youtube.com/jamieoliver

JAMIEOLIVER.COM

UN APUNTE SOBRE NUTRICIÓN

El trabajo del equipo de nutrición de Jamie es asegurarse de que él puede ser supercreativo al concebir sus recetas, garantizando al mismo tiempo que todas cumplen las directrices establecidas.

Cada libro tiene un propósito distinto, y el objetivo de Jamie con *Recetas sanas para cada día* es ofrecerte un montón de deliciosas recetas equilibradas que puedas cocinar cada día, que resulten sanas y de acuerdo con una estructura diaria de calorías (véase la página 261; nos hemos basado en la ingesta diaria recomendada para una mujer, alrededor de 2000 calorías). Recuerda que estas cifras son solo una guía, y lo que comes siempre tendrá que adaptarse a factores como la edad, el género, la constitución y el nivel de actividad física. Para que puedas tomar decisiones bien fundadas, hemos incluido el contenido nutricional de cada receta en la misma página, lo que te proporciona un punto de partida muy sencillo para entender qué estás comiendo. Recuerda que una dieta equilibrada y el ejercicio regular son las claves para una vida más sana.

Para obtener más información acerca de nuestras directrices y cómo se analizan las recetas, visita por favor:
jamieoliver.com/nutrition

Laura Matthews - Jefa de Nutrición, RNutr (Alimentación)

Grijalbo

Recetas sanas para cada día: Jamie Oliver
Título original: *Everyday Super Food: Jamie Oliver*
Publicado originalmente por © 2015, MICHAEL JOSEPH
un sello editorial de PENGUIN BOOKS

© 2015, Jamie Oliver
© 2015, Jamie Oliver Enterprises Limited, por las fotografías de las recetas
© 2015, Paul Stuart, por la fotografía de la cubierta y las imágenes de estudio
© 2015, Freddie Claire, por las fotografías del reportaje
© 2015, para la presente edición en castellano para todo el mundo:
Penguin Random House Grupo Editorial, S.A.U.
Travessera de Gràcia, 47-49. 08021 Barcelona
© 2015, Àngels Polo Mañá, por la traducción

Primera edición en México: noviembre de 2015

De esta edición:
D. R. © 2015, Penguin Random House Grupo Editorial, S.A. de C.V.
Blvd. Miguel Cervantes de Saavedra 301, piso 1,
col. Granada, del. Miguel Hidalgo 11520,
México, D.F.

Coordinación editorial de esta edición: Gerardo Mendiola P.
Colaboradores: Gonzalo Ang y Rafael Arenzana

www.grijalboilustrados.com
www.megustaleer.com.mx

Comentarios sobre la edición y el contenido de este libro a:
megustaleer@penguinrandomhouse.com

ISBN: 978-607-31-3623-5

Impreso en Italia / *Printed in Italy*